Susanne Dereser und Christine Göttert

Zeit zu zweit
in Rheinland-Pfalz

Romantische Ausflüge und
Wochenenden für Genießer

SOCIETÄTS
VERLAG

Die Angaben und Informationen in diesem Buch sind aktuell recherchiert und vor Drucklegung sorgfältig überprüft worden. Trotzdem ist darauf hinzuweisen, dass sich Telefonnummern, Öffnungszeiten und andere Angaben im Lauf der Zeit ändern können.

Alle Rechte vorbehalten • Societäts-Verlag
© 2017 Frankfurter Societäts-Medien GmbH
Satz: Julia Desch, Societäts-Verlag
Umschlaggestaltung: Julia Desch, Societäts-Verlag
Umschlagabbildung: © Melpomene - Fotolia.com
Karten: Peh & Schefcik
Druck und Verarbeitung: CPI books GmbH, Leck
Printed in Germany 2017

ISBN 978-3-95542-223-3

Inhalt

I est crée un Land" – so schnörkellos wurde in der Ordennance Nr. 57 des General Pierre Koenig die Geburtsstunde jenes Bundeslandes verkündet, welches seither unter dem etwas sperrigen Titel Rheinland-Pfalz firmiert. Die Regionen, die bei der mehr oder weniger willkürlichen Grenzbildung 1946 aus Teilen der bayerischen Pfalz, dem linksrheinischen Teil Hessens und dem rechtsrheinischen Teil der Provinz Hessen-Nassau vereint wurden, könnten bunter und vielfältiger kaum sein. Von den sonnenverwöhnten Hängen der südlichen Weinstraße, den sanften Hügeln Rheinhessens, entlang der tiefen Schluchten des Mittelrheins und über die luftigen Höhen von Westerwald, Hunsrück und den mäandernden Ufern der Mosel zieht sich Rheinland-Pfalz bis hinauf zur Ahr und weiter zu den märchenhaften Wäldern der Vulkaneifel. Das Klima ist mediterran bis rau und entlang der Flüsse reihen sich Städte, die auf den Fundamenten römischer Siedlungen und mittelalterlicher Stadtanlagen gewachsen sind.

Es sind die jahrtausendealten Kulturlandschaften unserer Heimat, die uns – Freundinnen seit Kindertagen - nie losgelassen haben. Und so haben wir uns, einige Jahre nach dem Erfolg unseres Regionalreiseführers „Rheinland-Pfalz für Verliebte" erneut zu den schönsten Plätzen im Land begeben, Lieblingsorte besucht und Neues probiert. Das Buch gibt Tipps für gemeinsame Touren, will aber auch Lesebuch sein, Ihnen ein wenig Geschichte der Region locker aufbereitet mit auf die Reise geben und einige der Geschichten nacherzählen, die sich um jene Orte ranken, die wir für Sie besucht haben. Neben vielen Fotos und Kartenmaterial ist das Buch reich bebildert mit Aquarellen des Westerwälder Künstlers Reinhard Zado, dem die Landschaften der Region seit Langem schon Inspiration und Muse sind.

„Zeit zu zweit in Rheinland-Pfalz" richtet sich an all jene, die Lust haben, das gute Leben vor der Haustür zusammen mit einem Herzensmenschen zu erkunden. Für uns gibt es kaum etwas Wertvolleres, als uns ein wenig Zeit zu schenken. Diese gemeinsam in schöner Natur, bei einem guten Essen und mit einem exzellenten Wein zu verbringen, viel mehr braucht es nicht, finden wir. Wir haben das Buch also für all jene geschrieben, die zu zweit etwas erleben möchten. Es richtet sich an Freunde, an die Mutter mit der Tochter, den Vater mit dem Enkel und natürlich auch an Liebende. Denn Rhein und Romantik gehören so eng zueinander, dass eigentlich gar kein „und" dazwischen passt. Ob Heldensage, Ballade oder Volkslied, die Schauplätze romantischer Geschichten findet man an den Ufern des Mittelrheins, wie andernorts Flusskieselsteine. Wir wünschen Ihnen viel Vergnügen beim Aufsammeln.

Die Autorinnen und der Verlag

RHEINHESSEN
Die Kelter Europas

1. RHEINHESSEN

Die Kelter Europas

In Rheinhessen ist alles ein wenig weicher als anderswo. Seien es die sanften, waldlosen Hügel, die das linksrheinische Land im großen Rheinbogen zwischen Bingen und Worms prägen, das pastellige, gepuderte Licht, welches die ganze Landschaft sommers wie winters mit einem dunstigen Schleier überzieht oder auch die Sprache, über die die Schriftstellerin Eva Demski schreibt, sie habe mit ihren „vielen Verkleinerungen und Tonzärtlichkeiten" … „gleichsam abgerundete Ecken".

„Wo leid'n eischendlisch Rhoihesse?", fragt in eben jener Mundart der Wormser Künstler Volker Gallé in einem seiner Soloprogramme. Und die Frage ist berechtigt. Zur Region geeint und mit dem heute etwas verwirrenden Namen versehen wurde Rheinhessen vor genau 200 Jahren. Bei dem Geschacher nach dem Wiener Kongress 1816 wurde Großherzog Ludwig I. von Hessen mit dieser westlich des Rheins gelegenen Landfläche für die Abtretung Westfalens an Preußen entschädigt. Er taufte das Gebiet Rheinhessen, was spätestens seit der bereits erwähnten Ordonnance Nr. 57 des Generals Pierre Koenig am 30. August 1946 zu Verwirrung führen kann: seither gehört Rheinhessen nämlich zu Rheinland-Pfalz.

Die Menschen der Region nehmen es, wie so vieles, gelassen. Ihr Zuhause hatte schon viele Namen und an den Ufern des Rheins mischen sich Kulturen und Sprachen seit alters her. Ein Umstand, dem der 1896 in Nackenheim geborene und in Mainz aufgewachsene Dichter Carl Zuckmayer in der berühmt gewordenen Rede von der Völkermühle ein Denkmal setzte: „Was kann da nicht alles vorgekommen sein in einer alten Familie. Vom Rhein – noch dazu. Vom Rhein. Von der großen Völkermühle. Von der Kelter Europas!", lässt er in „Des Teufels General" den Fliegergeneral Harras ausrufen und weiter schwärmen: „Es waren die Besten, mein Lieber! Die Besten der Welt! Und warum? Weil sich die Völker dort vermischt haben."

Auch wir finden sie äußerst gelungen, diese rheinhessische Mischung, und auf den folgenden Seiten laden wir Sie herzlich ein, mit uns die Menschen und Landschaften zu erkunden. Nehmen Sie sich auf jeden Fall Zeit für dieses wundervolle Fleckchen Erde, erkunden Sie die romantischen Radwege entlang der Selz und genießen Sie Wein und Kultur im größten zusammenhängenden Weinbaugebiet Deutschlands – übrigens wie's ausschaut der ältesten Weinprovinz des Landes. Denn als die Römer 100 v. Chr. das Lager Moguntiacum gründeten, fanden sie dort bereits Reben vor. Und genau dort, am Zusammenfluss von Rhein und Main, beginnt auch unsere Reise: in Mainz, der goldenen Stadt am Rhein.

MAINZ: DIE GOLDENE STADT AM RHEIN

Sie sind Freunde, der Meenzer Bub und das Wissbadener Meed-
sche. Sowas gibt's! Auch wenn der Rhein, die Römer und die
Religion ihre Heimatstädte seit je her trennten. Auch wenn der
Mainzer die Wiesbadener generell für etwas schnöselig hält und die
Wiesbadenerin, einmal mit dem Auto über die Theodor-Heuss-Brücke gefahren, sofort die Orientierung verliert. Und auch wenn tief in
ihren Genen die Gewissheit schlummert, dass von gescheübber
nicht viel Gutes kommen kann, so sind sie doch seit vielen Jahren
schon befreundet. Allerdings lebt sie ja auch nicht mehr am Rhein,
sondern schon lange an der Spree und ihn hat die Liebe und das
Leben – ausgerechnet! – nach Wiesbaden verschlagen. Das hilft.
Aber nur ein kleines bisschen. Denn: was die ebsch Rheiseit ist, das
ist und bleibt für beide klar. Doch eines schönen Tags im Mai, da
lud der Mainzer die Wiesbadenerin ein zu einer gemeinsamen Ent-
deckungstour und sie folgte ihm mutig auf die andere Rheinseite.
Gut so, denn wer hätte der Autorin für dieses Kapitel besser zur
Seite stehen können als der Schauspieler, Sänger und Multi-Instru-
mentalist Klaus Brantzen – gebürtiger und überzeugter Mainzer mit
Ausversehen-Wohnsitz in Wiesbaden?

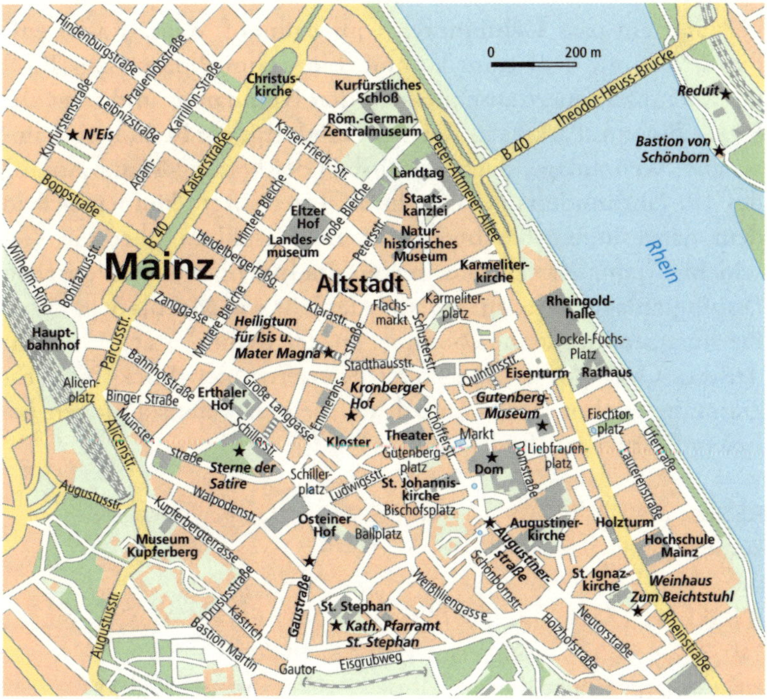
0
200 m
Mainz
Altstadt
Rhein
Hindenburgstraße
Frauenlobstraße
Kurfürstenstraße
Leibnizstraße
Karrillon-Straße
N'Eis
Adam-
Kaiserstraße
B 40
Boppstraße
Christus-
kirche
Kurfürstliches
Schloß
Röm.-German.
Zentralmuseum
Kaiser-Friedr.-Str.
Peter-Altmeier-Allee
Theodor-Heuss-Brücke
Reduit
Bastion von
Schönborn
Landtag
Staats-
kanzlei
Natur-
historisches
Museum
Eltzer
Hof
Landes-
museum
Hintere Bleiche
Große Bleiche
Petersstr.
Heidelbergerfaßg.
Karmeliter-
kirche
Wilhelm-Ring
Bonifaziusstr.
Zanggasse
Mittlere Bleiche
Heiligtum
für Isis u.
Mater Magna
Klarastr.
Flachs-
markt
Karmeliter-
platz
Schusterstr.
Rheingold-
halle
Jockel-Fuchs-
Platz
Haupt-
bahnhof
Parcusstr.
Bahnhofstraße
Stadthausstr.
Quintinsstr.
Eisenturm
Rathaus
Alicen-
platz
Binger Straße
Erthaler
Hof
Große Langgasse
Emmeransstr.
Kronberger
Hof
Gutenberg-
Museum
Fischtor-
platz
Münster-
straße
Schillerstr.
Schöfferstr.
Theater
Markt
Alicenstr.
Kloster
Gutenberg-
platz
Dom
Liebfrauen-
platz
Uferstraße
Sterne der
Satire
Schiller-
platz
Ludwigsstr.
St. Johannis-
kirche
Domstraße
Augustusstr.
Walpodenstr.
Bischofsplatz
Lauterenstraße
Kupferbergterrasse
Osteiner
Hof
Ballplatz
Augustiner-
kirche
Augustiner-
straße
Holzturm
Hochschule
Mainz
Museum
Kupferberg
Schönbornstr.
St. Ignaz-
kirche
Weinhaus
Zum Beichtstuhl
Drususstraße
Gaustraße
Weißliliengasse
Holzhofstraße
Neutorstraße
Rheinstraße
Augustusstr.
Kästrich
St. Stephan
Kath. Pfarramt
St. Stephan
Bastion Martin
Gautor
Eisgrubweg

Unser Tag beginnt, Achtung Mainzer, ganz stark sein jetzt, auf der anderen, der Wiesbadener Rheinseite. Die allerdings heißt hier – es ist aber auch echt verwirrend – Mainz-Kastel. Warum das so ist, klären wir gleich, da müssen die Mainzer dann nochmal ganz stark sein. Jedenfalls gibt es keinen besseren Platz, um einen ersten Blick auf Mainz zu werfen, als das gegenüberliegende Rheinufer. Dort steht, unmittelbar am Wasser, die Bastion von Schönborn. Dieses wunderschön sanierte, historische Kleinod

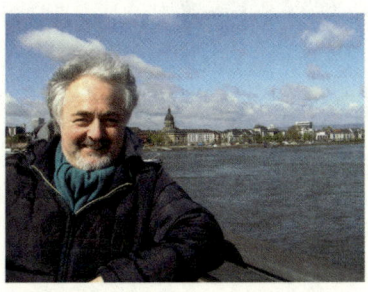

Stadtführer ehrenhalber: Schauspieler Klaus Brantzen

liegt nur ein paar Gehminuten vom Bahnhof Mainz-Kastel entfernt. Wer mit dem Auto kommt, biegt vom Phillipsring (B40) ins Rheinufer, quert anschließend den Bahndamm und folgt der Straße bis zum Parkplatz. Rechter Hand liegt die Reduit, eine imposante Wehranlage, die beim Ausbau der Festung Mainz Anfang des 19. Jahrhunderts gebaut wurde. Interessierte können sich in dem darin untergebrachten Museum Castellum über die Geschichte Mainz-Kastels informieren. Im Innenhof der malerischen Festungsanlage findet außerdem jedes Jahr von Mai bis September die Veranstaltungsreihe „Sommer in der Reduit" statt. Ob Kinderfest, Open-Air-Theater oder Konzerte: der Blick ins Programmheft lohnt sich – zumal die meisten Veranstaltungen bei freiem Eintritt stattfinden.

REDUIT MAINZ-KASTEL · Am Rheinufer · 55252 Mainz-Kastel
kujakk@t-online.de · sir.kujakk.de

MUSEUM CASTELLUM · Am Rheinufer · 55252 Mainz-Kastel
Tel.: 06134-3763 · info@museum-castellum.de
www.museum-castellum.de · Öffnungszeiten: So. 10 – 12.30 Uhr,
Führungen nach Vereinbarung jederzeit möglich

Schlemmen mit Aussicht: Bastion von Schönborn

Auch die Bastion von Schönborn gehörte einst zu dieser Wehranlage. In dem liebevoll restaurierten Haus lässt sich heute eine gehobene Küche genießen, die mediterrane mit regionalen Elementen verbindet. Kostenlos dazu kredenzt dieser Ort eine spektakuläre Aussicht auf den Rhein und die Mainzer Skyline, die man von jedem Platz aus genießen kann. Die Aussicht war übrigens von Anfang an Programm, die Bastion wurde Mitte des 19. Jahrhunderts zum Schutz der vom Mainzer Kurfürsten Johann Phillip von Schönborn errichteten Schiffsbrücke über den Rhein erbaut. Wer drinnen sitzen möchte, sollte vorher anrufen, für einen der 200 Plätze auf der Terrasse muss man ohne Reservierung sein Glück versuchen.

BASTION VON SCHÖNBORN · Am Rheinufer 12 · 55252 Mainz-Kastel
Tel.: 06134-210860 · Fax: 06134-2108620
info@bastion-von-schoenborn.de · www.bastion-von-schoenborn.de
Öffnungszeiten: Mo. – So. ab 11.00 Uhr (Küche 11 Uhr – 22 Uhr)

Direkt neben der Restauration befindet sich außerdem ein einzigartiger Naturstrand, der in den Sommermonaten auch von der Bastion bewirtschaftet wird. Sonnenanbeter können hier entspannen und in Liegestühlen direkt am Wasser ihren Kurzurlaub genießen. Der Strand ist bei schönem Wetter täglich ab 11 Uhr geöffnet, der Eintritt ist kostenlos.

Relaxtes Stadtleben: Rheinstrand Mainz-Kastel

Wer beim Blick auf den Rhein und die wunderschöne Theodor-Heuss-Brücke Lust auf einen kleinen Lauf bekommt, dem sei die Drei-Brücken-Runde empfohlen. Für viele ortsansässige Läuferinnen und Läufer ist sie die Haus- und Hofstrecke schlechthin. Die 7,8 km lange Strecke führt über die Theodor-Heuss-Brücke rüber nach Mainz, dann links am Rheinufer entlang zum Fischtor, weiter über die Eisenbahnbrücke, die Kostheimer Brücke und schließlich über die Maaraue zurück zum Startpunkt. Die Strecke bietet eine wundervolle Gelegenheit, das Rheinufer zu beiden Seiten des Flusses zu erkunden. Wie respekteinflößend die Brückenkonstruktionen über den Rhein in früheren Zeiten wirken konnten, das beschreibt Anfang des 20. Jahrhunderts der in Mainz aufgewachsene Carl Zuckmayer in seinen 1907 erschienenen Erinnerungen sehr eindrucksvoll: „Zwischen den Holzplanken, mit denen der Laufsteg der alten Mainzer Eisenbahnbrücke belegt war, klafften lange Ritzen. Die Planken rochen beklemmend nach Ruß, Teer und Schmieröl, so daß das Kind den Flieder und die Kastanien des Stadtparks vergaß (…). Die Brücke selbst schien dem Kinderauge unendlich, mit haushohen Eisenbögen drohte sie immer weiter und hörte nirgends auf, das eine Ufer war im Rücken verschollen, das andere nicht zu sehen – und Himmel und Horizont plötzlich von dem gleichen Ziehen und Reißen erfüllt, so als drehe sich alles um und man laufe mit dem Kopf nach unten." Alljährlich an Johannisnacht (26. Juni) wird die 7,8 km lange Strecke zum Austragungsort des beliebten Mainzer Drei-Brücken-Laufs.

www.mainz.de/freizeit-und-sport/dreibrueckenlauf.php
Anmeldungen unter www.laufzeiterfassung.de

Bevor wir uns jetzt ins Mainzer Getümmel stürzen, müssen wir die Sache mit dem Namen noch klären. Warum tragen die drei Wiesbadener Ortsteile Mainz-Amöneburg, Mainz-Kastel und Mainz-Kostheim (kurz AKK) die rheinland-pfälzische Hauptstadt als Vornamen? Wo sie doch auf der rechtsrheinischen, also der hessischen Seite liegen? Nach dem Ende des Zweiten Weltkriegs wurde bei der

Aufteilung Deutschlands in die vier Besatzungszonen mit dickem Stift, pragmatischer Hemdsärmeligkeit und ohne intime Kenntnisse regionaler Gegebenheiten operiert. Auf die arme Mainzer Seele und ihre rechtsrheinischen Ortsteile nahm dabei niemand Rücksicht, für solche Feinheiten war 1945 einfach keiner zu begeistern. Von oben drauf geguckt schien die Sache klar, der Rhein bildete eine natürliche und damit logische Grenze für die linksrheinisch-französische und die rechtsrheinisch-amerikanische Zone. (Übrigens hatten die Mainzer einfach Pech. Einer früheren Ausfertigung der sogenannten Zonenprotokolle zufolge, jener Dokumente, die die damaligen Verhandlungen aufzeichneten, wäre die Grenze anders verlaufen und es hätte Frankfurt statt Mainz erwischt.) Das tat weh, verloren doch die Mainzer mit dieser Grenzziehung ihre rechtsrheinischen Stadtteile (und damit immerhin 53 % ihres Stadtgebietes!). Tja und da sich be-

kanntlich kaum etwas hartnäckiger hält, als eine Übergangsregelung, wurde mit den durch die Alliierten rechts und links der Rheins gegründeten Bundesländern Hessen und Rheinland-Pfalz die neue Zugehörigkeit der von Mainz abgetrennten Ortschaften zu Hessen besiegelt.

Seither treibt diese Geschichte bunte Blüten. So rührte Anfang der 1950er eine Ikone der Mainzer Fassenacht, der als „singender Dachdecker" bekannte Ernst Neger, nicht nur den Sitzungssaal sondern die ganze Stadt zu Tränen. Neger traf mit zwei abgewandelten Strophen eines alten Kinderliedes mitten hinein in das Herz

Gehört zur rheinhessischen Volkskultur wie die Fassenacht zu Mainz: Heile Gänsje

der Menschen seines „arm zertrümmert Meenz" und unter anderem heißt es da: „Wenn ich mir so mei Meenz betracht, dann denk ich in mei'm Sinn: Mer hat's mit Meenz genau gemacht wie mit der Stadt Berlin. Man hat's zerstört, hat's zweigeteilt (…) Meenz und Berlin, Ihr seid so schön. Ihr könnt, Ihr derft net unnergeh'n."

Natürlich gab es Bemühungen, von Mainzer Seite vehementer als von Wiesbadener, die Grenzen erneut neu zu ziehen, allerdings ohne Erfolg. Es wäre auch eigentlich alles gar nicht so tragisch, hätten die Amerikaner damals nicht ausgerechnet der ungeliebten Nachbarstadt Wiesbaden diese Ur-Mainzer Stadtteile zugeschachert. Und auch wenn die Mitte der 1950er Jahre diskutierte Fusion der beiden Städte unter dem schrecklichen Arbeitstitel „Mainmünden" (bei dem Gedanken schaudert es Mainzer wie Wiesbadener gleichermaßen) sicher weit über das Ziel hinausgeschossen wäre: Die Wiesbadener Verwaltung hätte sich schon mit ein wenig mehr Verve des Themas annehmen können. Sehr zum Unbill der Mainzer freut sich diese stattdessen über die erhöhten Steuereinnahmen, die die hinzugewonnenen Stadtflächen seither in die Kassen spülen und lebt an-

Schön und vor allem ganz: Theodor-Heuss-Brücke

sonsten gut damit, Wiesbadener Stadtteile als Mainzer Ortschaften zu bezeichnen. Und, wenn wir jetzt mal ganz ehrlich sind, dann kräht heute wirklich kein Hahn mehr nach dieser Angelegenheit. Womit die Autorin sich rasch wegduckt und ihrem Mainzer Freund – endlich! – über die Theodor-Heuss-Brücke folgt.

Jetzt, alle Autofahrer aufgepasst: Anreise nach Mainz am besten ohne. Wirklich. Man sollte sich nicht freiwillig in diesen Schlamassel aus mittelalterlicher Stadtanlage und Nachkriegsverkehrsplanung begeben. Falls Sie diese Warnung in den Wind schlagen (so wie wir) und doch mit dem Auto anreisen, dann gilt es unbedingt die Nerven zu bewahren und das Auto so schnell wie möglich abzustellen. Und später am Ticket-Automaten bitte nicht ärgern: Parken ist teuer in Mainz. Sehr teuer. Das Verkehrs-Lamenti der Autorin nimmt der Stadtführer gelassen: „Einfach? Wer braucht's denn einfach? Ihr Wiesbadener vielleicht…" neckt er, während er uns souverän Richtung Parkhaus Kronberger Hof navigiert. Statt den nächsten freien Platz zu belegen, fahren wir ganz nach oben und stellen den Wagen auf dem Dach des Parkhauses ab. Hier oben hat man einen tollen Rundumblick über Mainz.

Stadtlandschaft: Mainz von oben

PARKHAUS KRONBERGER HOF
Einfahrt Am Kronberger Hof · 55116 Mainz
24 Stunden geöffnet, 10% Rabatt bei Zahlung mit Karte
Parkticket = Fahrschein für Bus und Bahn

Nach so viel Aussicht steht uns der Sinn nach einem ausgiebigen Frühstück, womit unser erstes Ziel feststeht: das dicke Lilli, gutes Kind, auf halber Höhe zwischen Schillerplatz und Gautor an der Gaustraße, Ecke Breidenbachstraße. Auf dem Weg dorthin passieren wir den Schillerplatz und stolpern quasi sofort über „das Mainzer Denkmal schlechthin", (Jockl Fuchs, ehem. Mainzer Oberbürgermeister) dem 1967 von Blasius Spreng erbauten Fastnachtsbrunnen. Helau! Mag sein, dass man in Mainz geboren sein muss, um zu verstehen, wie wichtig die „5. Jahreszeit" den Bewohnern dieser Stadt ist. Literarisches Denkmal gesetzt hat der Fassenacht übrigens kein geringerer als Carl Zuckmayer in seiner 1915 erschienenen, atmosphärisch ungeheuer dichten Novelle „Die Fastnachtsbeichte", ein absolut lesenswertes Werk. Nicht zuletzt übrigens, weil man ganz wunderbar die Originalschauplätze der Geschichte besuchen kann. Wer dem närrischen Treiben so gar nichts abgewinnen kann, der ist im nahe gelegenen „unterhaus" (ausführliche Bezeichnung unterhaus-Mainzer Forum Theater GmbH) wahrscheinlich besser aufgehoben. Das „unterhaus" ist eine der wichtigsten und ältesten Kleinkunstbühnen Deutschlands und ein Mekka des politischen Kabaretts. Be-

Spielt gerne hier: Klaus Brantzen am Mainzer unterhaus

spielt werden seit nunmehr 50 Jahren – beinahe täglich – zwei fast immer ausverkaufte Bühnen. Jährlich wird hier der „Kabarett-Oscar" verliehen: der Deutsche Kleinkunstpreis. Auch Klaus Brantzen gastiert hier regelmäßig: „Es ist immer eine Ehre, im ‚unterhaus' zu spielen."

UNTERHAUS - MAINZER FORUM-THEATER GMBH
Münsterstraße 7 · 55116 Mainz
Vorverkauf & Theater: 06131-232121 · www.unterhaus-mainz.de

Vor dem „unterhaus" sind die Sterne der Satire in einem Walk of Fame des Kabaretts verewigt. Sie verbinden die Spielstätte mit dem Kabarettarchiv.

Nun geht es die Gaustraße hinauf. Falls Sie den etwas steilen Anstieg scheuen, können Sie sich auch ganz kommod von einer der Straßenbahnen der Linie 50 oder 52 nach oben zum Gautor kutschieren lassen und dann ein Stück zurück bzw. runter laufen. Das mit viel Liebe eingerichtete Café Dicke Lilli, gutes Kind lockt im vierten Jahr sehr erfolgreich Liebhaber urbaner Cafékultur an diesen noch nicht so lange aber dafür umso angesagteren Standort. Der ungewöhnliche Name zitiert übrigens den Titel der Autobiografie von Lilli Palmer, die in den 1950er Jahren ein Leinwandstar des deutschen Kinos war. Und die 50er sind es auch, die das Café zu seinem Vintage Style inspiriert hat. Die Küche allerdings ist nicht von gestern, ganz

Den Großen unter den Lustigen gewidmet

Schmuckkästchen im Vintage-Stil: dicke Lilli, gutes Kind

im Gegenteil: Mit einem abwechslungsreichen Frühstückangebot, selbstgebackenem Kuchen, wechselndem, öfter auch veganem Mittagsgericht und einem ausgezeichneten Kaffee trifft die dicke Lilli gekonnt den aktuellen Geschmack. Hier lässt es sich gut essen, mit Freunden ein gepflegtes Schwätzchen halten und dabei das Treiben jenseits der großen Fensterfront wunderbar beobachten.

DICKE LILLI, GUTES KIND
Gaustraße, Ecke Breidenbachstraße 9 · 55116 Mainz
hello@dickelilliguteskind.de · www.dickelilliguteskind.de
www.facebook.com/dickelilliguteskind
Öffnungszeiten: Mo. – Fr. 9 – 19 Uhr · Sa., So. 10 – 20 Uhr
Reservierungen ab 6 Personen über Facebook, E-Mail oder persönlich

Zu sehen gibt es viel: Anstieg plus Tram, mehr braucht es für den Mainzer nicht, um – wenn auch mit typisch rheinhessischem Augenzwinkern – in der Gaugass einen Hauch San Francisco zu entdecken. In den letzten Jahren hat sich die ganze Gegend jedenfalls ordentlich herausgeputzt. Vinotheken, Galerien und Tapas-Kneipen finden sich hier ebenso wie hippe Concept Stores. Gleich gegenüber

Laden mit Konzept und Geschmack: Fuchs & Bente

der dicken Lilli, im Fuchs & Bente etwa, singen Franziska Fuchs und Bente Oelkers das Hohelied des guten Geschmacks. Mit einem sicheren Auge für Design tragen sie handverlesene Möbel, Heimtextilien und Küchenutensilien aus kleinen Manufakturen in ganz Europa zusammen. In schnell ausverkauften Workshops können sich Freunde der wieder erstarkten Arts & Crafts Bewegung außerdem im gepflegten Selbermachen üben.

F. FUCHS & B. OELKERS GBR · Gaustraße 34 · 55116 Mainz
Franziska Fuchs · Bente Oelkers · Tel.: 06131-8905481
post@fuchs-bente.de

Irgendwie schön, beruhigend und auch ein bisschen typisch Mainz, dass zwischen all der hippen Neumodigkeit Läden wie der Obsthändler Häfner oben am Gautor überlebt haben, in dessen Auslage Klaus Brantzen von seinem Kinderzimmer aus schon hineinschauen konnte.

Touristen-Pflichtprogramm ist natürlich ein Abstecher auf den nahe gelegenen Stefansberg zu den blau leuchtenden Kirchenfenstern von Marc Chagall. 1978 gelang dem damaligen Pfarrer der St.

Stephan Gemeinde, Klaus Mayer, ein echter Coup. Er schlug dem damals bereits 86-jährigen, jüdischen Künstler das Projekt vor, welches ein Zeichen der Versöhnung zwischen Deutschland und den Juden setzen sollte. Zur allgemeinen Überraschung sagte der berühmte Maler dem Mainzer Pfarrer, der als Sohn eines Juden selbst unter den Nationalsozialisten gelitten hatte, zu und sorgte damit nicht nur für eine kleine Sensation, sondern spendierte Mainz die nach dem Dom meistbesuchte Sehenswürdigkeit. Mittlerweile 93-jährig hält Klaus Mayer übrigens bis heute gut besuchte Führungen zu den Chagall-Fenstern ab. Werfen Sie in St. Stephan außerdem unbedingt einen Blick in den wahrscheinlich schönsten spätgotischen Kreuzgang des Landes Rheinland-Pfalz.

KIRCHE ST. STEPHAN · Weißgasse 12 · 55116 Mainz
Tel.: 06131-231640 · www.st-stephan-mainz.de · Öffnungszeiten:
November bis Februar Mo. – Sa. 10 – 16.30 Uhr · So. 12 – 16.30 Uhr
März bis Oktober Mo. – Sa. 10 – 17 Uhr · So. 12 – 17 Uhr
Führungen über Tourist Service Center Tel.: 06131-242888 oder über
das Pfarramt Tel.: 06131-231640

So, jetzt aber schnell runter in die nur einen Katzensprung entfernte Altstadt. Zum Dom gehen natürlich alle, Sie allerdings wollen dies unbedingt an einem Dienstag, Freitag oder Samstag tun. Der größte Mainzer Wochenmarkt, der rund um das Gotteshaus stattfindet, ist berühmt und das zu recht. Vor der beeindruckenden Kulisse des Doms, den barocken Häuserfronten auf dem Domplatz, dem Liebfrauenplatz und dem Höfchen breitet sich eine kunterbunte Marktwelt aus. Obst und Gemüse aus der Region, frische Blumen, Milchprodukte, Fleisch- und Backwaren, alles frisch und bunt und lecker. Von 7 bis 14 Uhr wird hier eingekauft, geschlemmt und – in Rheinhessen einfach unerlässlich – ein ausgiebiges Schwätzchen gehalten. Einer der Großen in dieser Disziplin ist Eiermann Johannes Scholles und sein Begleiter ist der eigentliche Star des Mainzer Wochenmarktes: Gockel Moritz. An jedem Markttag plustert sich das stolze Federvieh zur Freude aller Marktbesucher mächtig auf und poussiert geduldig für unzählige Fotos, während Scholles seine Eier verkauft und dabei mit seiner Kundschaft ausgiebig plaudert. Neben Eiern werden Gesundheitsratschläge erteilt, es wird auch schon mal Gemüse ausgependelt und, falls gewünscht, auch aus der Hand gelesen. Dazu verzieht sich der Generalist dann kurz und diskret an die Rückseite seines Standes, die kaufwillige Kundschaft wartet ergeben und vergnügt sich derweil mit dem stolzen Hahn. Hatten wir bereits erwähnt, dass in Mainz Gelassenheit groß geschrieben wird? Von Mitte März bis November findet samstags das Marktfrühstück auf dem Liebfrauenplatz statt. Es ist nämlich so: Mainz ohne Weck unn Worscht, das geht eigentlich nicht und die beste Fleischwurst gibt es … nun, da hat jeder Mainzer seine Lieblingsadresse. Wir gehen zum Stand von Metzger Hamm aus Stadecken-Elsheim.

Süße Verführung mit Tradition: köstliche Kuchen und Torten im Dom-Café

Unmöglich übrigens, den Markt zu verlassen, ohne im berühmten Dom-Café eingekehrt zu sein. Nichts an dieser Mainzer Institution ist hipp und stylisch und das muss, ja darf es auch gar nicht sein. Hier sind nämlich seit je her Kuchen und Torten die eigentlichen Hauptdarsteller und die knusprigen Schweinsohren der Geheimtipp des Stadtführers. „Die MUSST du probieren! Ein Gedicht!!"

DOM-CAFÉ ZU MAINZ · Am Markt 12-16 · 55116 Mainz
Tel.: 06131-222365 · www.domcafemainz.de
Öffnungszeiten: Mo. – Fr. 8.30 – 18.30 Uhr
Sa. 8.30 – 18 Uhr · Sonn- und Feiertag geschlossen

Nach all den Schlemmereien haben wir neue Energie gesammelt, Zeit für einen Altstadtbummel. Nicht ohne vorher einen Blick in den Dom zu werfen, natürlich, diesen majestätischen Sakralbau, der seit mehr als 1.000 Jahren das Mainzer Stadtbild dominiert. Die Mainzer Bischöfe waren mächtige Strippenzieher im Deutschen Reich und ihre prunkvollen Kirchenbauten stehen in der ganzen Stadt. Mit der Grundsteinlegung für den Dom um das Jahr 975 schuf Bischof Willigis ein steinernes Symbol ihrer Macht. Womit wir endlich die Gelegenheit haben, den titelgebenden Beinamen für Mainz als der goldenen Stadt am Rhein aufzulösen. Mitnichten wird damit etwa auf das Sonnenlicht Bezug genommen, tatsächlich taucht der Begriff um 1150 zum ersten Mal auf einem Stadtsiegel auf. Als „Aurea moguntia romane ecclesie specialis filia" (Goldenes Mainz, der römischen Kirche besondere Tochter) wird sie bezeichnet. Mainz war Sitz des bedeutendsten Kirchenfürsten im Reich, des Mainzer Erzbischofs. Er hatte die größte Kirchenprovinz Europas und war auf dem Kontinent nach dem Papst der zweithöchste Mann in der Kirche. Gleichzeitig war er auch Reichserzkanzler, krönte und weihte die Könige, und war damit auch der zweitmächtigste Mann im Reich nach dem König. Die Mainzer Bürger erfüllte das derart mit Stolz, dass sie ihre Heimat genau wie das große Rom „goldene Stadt" nannten.

DOM ZU MAINZ ST.MARTIN
Markt 10 · 55116 Mainz · www.mainz-dom.de

Beeindruckt seit 1.000 Jahren: der Mainzer Dom

Besichtigungszeiten: März bis Oktober: Mo. – Fr. 9 – 18.30 Uhr
Sa. 9 – 16 Uhr · Sonn- und Feiertag 12.45 – 15 Uhr und 16 – 18.30 Uhr
November bis Februar: Mo. – Fr. 9 – 17 Uhr · Sa. 9 – 16 Uhr
Sonn- und Feiertag 12.45 – 15 Uhr und 16 – 17 Uhr

Die Geschichte Mainz reicht, wie wir alle wissen, noch viel weiter zurück. 13/12 v. Chr. begann mit dem Bau eines Legionslagers auf dem Kästrich die fast 500 Jahre dauernde römische Präsenz. Und so „stolpert man", laut engagiertem Stadtführer, „wo man geht und steht über Römer". Zuletzt und im wahrsten Sinne des Wortes 1999, als man beim Bau einer neuen Einkaufsgalerie, der – wie passend – Römerpassage, eine römische Kultstätte freilegte. Das Heiligtum für Isis und Mater Magna entstand im 1. Jahrhundert n. Chr., umfangreiche Kleinfunde geben Einblick in die magisch-religiösen Kultpraktiken der römischen Zeit. Die baulichen Überreste, ausgewählte Funde und eine multimediale Rahmenpräsentation sind im Untergeschoss des Einkaufszentrums zu besichtigen. Führungen (nach Vorankündigung) bietet der Verein Initiative Römisches Mainz e.V. an, der auch den dazu gehörigen Museumsshop betreibt.

INITIATIVE RÖMISCHES MAINZ E. V.
Taberna Archaeologica, Heiligtum für Isis und Mater Magna
Römerpassage 1 · 55116 Mainz · Tel.: 06131-6007493
taberna@roemisches-mainz.de · www.roemisches-mainz.de
Öffnungszeiten: Mo. – Sa., 10 – 18 Uhr

Römer, Katholiken und dann wäre da noch … der Buchdruck, natürlich! Selbst wer nichts weiß über Mainz, der weiß ja wohl das: Johannes Gutenberg erfand Mitte des 15. Jahrhunderts den Buchdruck und revolutionierte mit dieser Erfindung die Welt. Er wurde nach dem zu seiner Zeit verwendeten julianischen Kalender 1400 in Mainz geboren. Wer es genauer wissen will, oder eine der Bibeln bewundern möchte, die bis heute zu den schönsten Buchdrucken zählen, dem sei ein Besuch im Gutenberg-Museum empfohlen.

GUTENBERG-MUSEUM
Museum für Buch-, Druck- und Schriftgeschichte
Liebfrauenplatz 5 · 55116 Mainz · Tel.: 06131-122640-122644
Fax: 06131-123488 · gutenberg-museum@stadt.mainz.de
Öffnungszeiten: Di. – Sa. 9 – 17 Uhr · So. 11 – 17 Uhr
Montags und an gesetzlichen Feiertagen geschlossen

Im Schatten des Doms erstreckt sich das mittelalterliche und frühneuzeitliche Mainz. Es macht Spaß, die winkligen, engen Gassen zu erkunden. In der berühmten Augustinerstraße und dem Kirchgarten lässt es sich entlang barocker Kirchenfassaden und romantischer Fachwerkhäuser entspannt flanieren und außerdem ausgiebig shoppen.

INGELHEIM: ROMANTISCH AN DER SELZ

Wer eine Oase der Ruhe inmitten der geschäftigen Rhein-Main-Region sucht, der wird die Eulenmühle im rheinhessischen Hügelland lieben. Folgt man der Ausschilderung am Eingang des Ingelheimer Ortsteils Großwinternheim, dann erreicht man nach wenigen hundert Metern die mehr als 300 Jahre alte Hofreite in idyllischer Alleinlage im Tal der Selz.

Norbert und Wiltrud Heine haben dieses ländliche Refugium kurz vor der Jahrtausendwende erworben und aus seinem Dornröschenschlaf erweckt. Mit viel Energie und Schaffensfreude haben sie hier Gästezimmer und einen Gastronomiebetrieb eingerichtet sowie einen Pensionsstall für heute 60 Pferde etabliert, der mit seiner artgerechten Pferdehaltung schnell über die Region hinaus bekannt und richtungweisend werden sollte.

Auf den ersten Blick strahlt das Gebäudeensemble die Wehrhaftigkeit aus, die für Anwesen außerhalb örtlicher Einfriedungen bis in das 19. Jahrhundert hinein lebenswichtig war. Ein Eindruck, der schnell weicht, hat man erst einmal den Innenhof betreten: hier gedeihen Oleander prächtig, Rosen blühen üppig, von Lavendelrabat-

Map labels:
Rüdesheim
Heidesheim
A60
Rhein
Museum Kaiserpfalz
★ Ingelheim
Mainz
Main
Bingen am Rhein
Gau-Algesheim
★ Burgkirche
Zur Eulenmühle
Appenheim
Selz
Schwabenheim a. d. Selz
Essen-heim
Klein-Winternheim
R h e i n -
Nahe
Gensingen
Stadecken-Elsheim
Nieder-Olm
Nackenheim
Harxheim
Mommenheim
Rhein
Sprendlingen
Saulheim
Selzen
Nierstein
Bad Kreuznach
Gau-Bickelheim
Wörrstadt
A63
Köngern-heim
Oppen-heim
Wöllstein
A61
Undenheim
h e s s e n
Biebelnheim
Selztal-radweg
Guntersblum
Flonheim
Gau-Odernheim
Wendelsheim
Alzey
Dittelsheim
Alsheim
0   5 km

ten mit ihrem lila-pastellfarbe-nen Blauton reizvoll kontras-tiert. Wärme speichert sich im alten Bruchsteinmauerwerk, und Sitzgruppen bieten be-schauliche Plätze zum Verwei-len.

Vom Innenhof erreicht man die im ersten Stock und im Dachgeschoss gelegenen Gäste-zimmer, der ehemals vom Was-ser der Selz angetriebenen Ge-treidemühle. Die sechs Zimmer sind im ländlichen Stil einge-richtet, und auf eher kleinem Raum bieten sie doch gemütli-

Idyllischer Innenhof

chen Komfort, Bäder mit Tageslicht und es fehlen weder TV noch das hier eigentlich entbehrliche WLAN.

Mit separatem Wohn- und Schlafzimmer, Kochnische und Essplatz bietet sich ein Appartement für längere Aufenthalte an. Das Frühstück für die Zimmergäste wird in der ehemaligen Remise in Buffetform angeboten, und man findet alles, was man braucht, um den Tag gut gestärkt zu beginnen.

Wer die Ruhe genug genossen hat, der kann sich kreativ und kulturell betätigen. Die Eulenmühle bietet von Malkursen unter künstlerischer Leitung, Musikprogrammen und zahlreichen Seminaren zu wechselnden Themen eine reiche Vielfalt an Veranstaltungen. Besonders beliebt sind die Tage der offenen Tür, die zweimal pro Jahr, im Juni und im Dezember, stattfinden. Dann verwandelt sich der Hof in einen bunten Erlebnispark für die ganze Familie. Mit leckeren Essensständen, Cocktails, einer Fun-Olympiade für Kinder, verschiedenen Aufführungen und einer Tombola.

Ein echter Klassiker ist das rheinhessische Ensemble Rouge Baiser, das seit Jahren schon jeden Sommer die Besucher im romantischen Innenhof mit französischen Chansons verzaubert. Das Reper-

Rouge Baiser bringen französisches Flair in die Eulenmühle

toire reicht von Edith Piaf, Jacques Brel und Celine Dion über Patricia Kaas und Carla Bruni bis hin zu Zaz.

Der Erlös fast aller Veranstaltungen kommt dem Pferdeschutzverein ProEquis zugute, eine Herzensangelegenheit von Wiltrud Heine, die Pferden aus unzureichender Haltung hier ein neues, glückliches und sorgenfreies Leben schenkt. Es besteht aber auch die Möglichkeit, den Verein finanziell mit einer Patenschaft für eines der Pferde oder Ponys zu unterstützen. Eine gute Möglichkeit, immer wieder hierher in diese kleine

Die Umgebung in einer Pferdekutsche erkunden

Oase zurückzukehren und „sein" Pferd zu besuchen und mit einer Karotte zu verwöhnen.

Wer die Landschaft ganz entspannt erkunden möchte, kann übrigens auch im Vorfeld eine Kutschfahrt buchen.

ZUR EULENMÜHLE · 55218 Ingelheim am Rhein
Tel. Zimmerbuchung: 06130-9400720
Tel. Kutschfahrt: 06130-9400722 · www.eulenmuehle.de

Zahlreiche Möglichkeiten für Ausflüge und Aktivitäten bieten sich in der näheren Umgebung an. In Ingelheim kann man sich auf die Spuren Karl des Großen begeben, dem der Ort im achten Jahrhundert als Winterquartier diente. Den Dichter Wilhelm Ruland inspirierte die Kaiserpfalz in seinen 1896 erschienenen Rheinischen Sagen zu einer Neufassung der mittelalterlichen Legende von Eginhard und Emma, dem Biografen Karl des Großen und dessen wunderschöner Tochter. „Zu Ingelheim", heißt es da, „erhob sich vor-

Model Ingelheimer Kaiserpfalz

einst ein stolzer Marmorpalast, die berühmte Karolingische Kaiserpfalz. In jene weltferne, glückatmende Einsamkeit zog sich der große Frankenkaiser Karl gern zurück, nur begleitet von seinen treuesten Vasallen und den Mitgliedern seiner Familie."

Die Grundmauern der Aula Regia und das Museum an der Kaiserpfalz legen noch heute Zeugnis dieser beeindruckenden Anlage ab. Im Museum vermittelt ein auf der Grundlage neuester wissenschaftlicher Erkenntnisse erstelltes Modell einen anschaulichen Eindruck von der einstigen Gestalt des Bauwerks.

Säulen aus der Kaiserpfalz

BESUCHERZENTRUM UND
MUSEUM KAISERPFALZ
Francois-Lachenal-Platz 5
55218 Ingelheim am Rhein
Tel.: 06132-714701
www.kaiserpfalz-ingelheim.de

Doch wie ging es mit Eginhard und Emma weiter? Wir erfahren, dass des Kaisers Sekretär nicht nur über „umfangreiches Wissen" verfügte, sondern wegen seines „ernsten, frauenhaften Jünglingsantlitzes", welches sich „allemale aus der Schar der

wetterfesten Kriegsmannen ab-
hob", auch den Frauen des kai-
serlichen Hofes ausgesprochen
gut gefiel. Und so kam es, wie es
kommen musste: Eginhard ver-
liebt sich in Karls Lieblings-
tochter, die ihrerseits bekannt
war „als die schönste Dame ihrer Zeit". Das lag wohl nicht zuletzt an ihren Wurzeln, denn
„aus ihren Augen, dunkel wie
der Fittich der Raben, glühte
das heiße Empfinden ihrer italienischen Mutter".

Reinhard Zado

Zwei Herzen entflammen
„und die Schreib- und Lese-
stunden folgten einander Tag um Tag". Allerdings blieben diese
harmlos, dem romantischen Sittenkodex des 19. Jahrhunderts folgend, verlieben sich die beiden zwar, aber mehr passiert nicht, denn:
„Eginhard besaß wohl ein zärtliches Herz, doch rein wie Sternen-
licht war die Flamme seiner Liebe zu der Tochter seines hohen
Herrn."

Und so hätten die beiden wohl noch ewig weitergeschmachtet,
wären sie durch einen frühen Wintereinbruch nicht ziemlich pein-
lich aufgeflogen. Als Eginhard nämlich eines frühen Morgens die
Gemächer der Angebeteten verlassen möchte, ist der Innenhof mit
Schnee bedeckt, unmöglich also, zurückzukehren, ohne Spuren zu
hinterlassen.

Nach kurzem Schreckmoment schultert Emma kurzerhand den
schmächtigen Gelehrten und trägt ihn hinüber, dabei nur ihre eigenen Spuren im Schnee hinterlassend. Dummerweise leidet Karl unter Schlafstörungen, ist zu dieser frühen Stunde bereits wach, schaut
im falschen Moment aus dem Fenster: et voilá.

Dass die nächtlichen Stelldichein allein der hohen Minne gewidmet
waren, war dem mächtigen Herrscher schwer zu vermitteln und so

folgte Rat, Urteil, Ehe (immerhin). „Weil ihr euch liebt will ich euch nicht trennen." Und Verbannung. Es müssen viele Jahre vergehen, bis Karl die beiden wiedertrifft und ihnen am Ende tränenreich verzeiht.

Auch die spätgotische Burgkirche aus dem 14./15. Jahrhundert, umgeben von Wehranlagen mit Mauern, Türmen und Toren sowie einem romantischen, alten Friedhof am Rande des historischen Ortskerns lohnt einen Besuch. Im spätgotischen Innenraum gibt es eine wiederentdeckte und freigelegte selten schöne Ausmalung sowie ein kostbares „Marienfenster" mit dem Motiv der Anbetung der Könige. Beliebt sind vor allem die Konzerte mit Klängen der barocken Stumm-Orgel.

Im Schatten der Burgkirche findet jeweils im Mai das beliebte Eurofolk-Festival statt, und am letzten September- und ersten Oktoberwochenende wird hier das Ingelheim Rotweinfest gefeiert.

Gefeiert wird auf den zahlreichen Winzerhöfen der umliegenden Ortschaften eigentlich von Frühjahr bis Herbst. Die Tourist-Infor-

Das beliebte Rotweinfest

mation gibt ein Veranstaltungsfaltblatt heraus, das übers Jahr weit über 100 Termine ausweist, von der Kräuterwanderung bis zu diversen Musik- und Kabarettprogrammen. Ein Blick hinein lohnt auf alle Fälle.

TOURIST-INFORMATION INGELHEIM
Neuer Markt 1 · 55218 Ingelheim · Tel: 06132-782216
touristinformation@ingelheim.de · www.ingelheim.de

Wundervoll übernachten lässt es sich auch in einem der vielen Winzerhöfe. Gäste können sich in stilvollem Landhausambiente bei einer kulinarischen Weinprobe verwöhnen lassen, bevor sie sich in geschmackvoll eingerichteten Zimmern gemütlich zurückziehen können. Auch hier hat die sehr gut informierte Tourist-Information wertvolle Tipps.

Eine wunderbare Art und Weise, die sanften Hügel Rheinhessens zu erkunden, ist natürlich zu Fuß oder auch mit dem Rad. Direkt von der Eulenmühle aus bieten sich viele Fahrrad- und Wandertouren an. Dabei ist für jeden Geschmack und jede Kondition etwas dabei.

Ob ganz entspannt und immer schön ebenerdig entlang der idyllischen Selz, diesem 61 km langen, linken Nebenfluss des Rheins, oder aber auch hoch hinaus auf den Westerberg. Von dem dort zu Ehren des ersten deutschen Reichskanzlers Fürst Otto von Bismarck (1815– 1898) erbauten und 1912 eröffneten Aussichtsturms genießt man eine grandiose Aussicht.

Rheinhessische Weine liegen im Trend

WORMS: HISTORISCHES KLEINOD AM RHEIN

Die historische Vergangenheit von Worms ist beeindruckend: Römerstadt, Nibelungenstadt, Freie Reichsstadt, Domstadt, jüdisches Zentrum, Lutherstadt, Industriestadt, Weinstadt. Worms ist eine der ältesten Städte Deutschlands, hat viele Facetten und ist zudem mit großen Ereignissen und Personen der deutschen und europäischen Geschichte verbunden. Eine erste Blütezeit erlebte das kel-

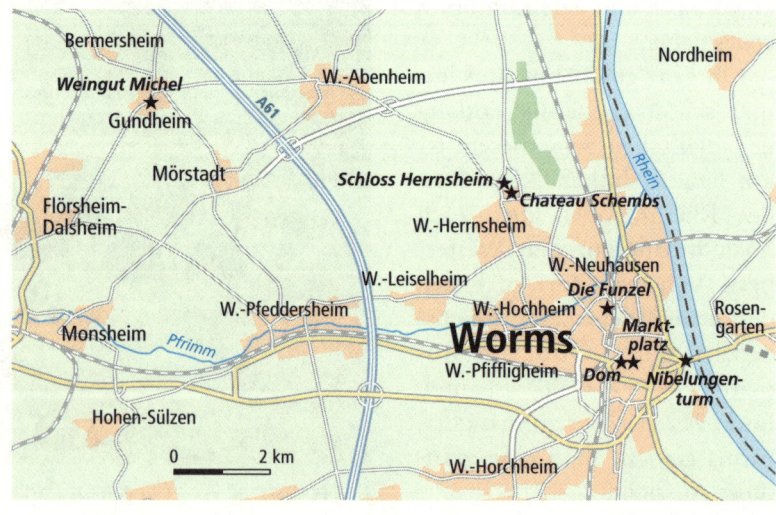

tische „Borbetomagus" in der römischen Zeit, als es als „Civitas Vangionum" blühender Standort seines Umlandes und später Sitz eines Bischofs wurde.

Das Tor zur Stadt ist der auf der rheinland-pfälzischen Rheinseite gelegene 53 Meter hohe Brückenturm – ein monumentaler Turm und repräsentativer Eingang zur Stadt Worms. Er wurde 1900 nach Plänen von Stadtbaumeister Karl Hofmann errichtet und wird auch als „Nibelungenturm" bezeichnet. Wahrscheinlich deshalb, weil er einen besonderen Baustil aufzeigt, den es in Worms noch häufiger zu entdecken gibt, den sogenannte „Nibelungenstil". Dabei handelt es sich um eine Vermischung von Neuromanik und Darmstädter Jugendstil.

In den letzten Jahren hat Worms sich generell vor allem als Nibelungenstadt präsentiert. An der Rheinpromenade haben die Wormser dem kühnen und finsteren Recken der Nibelungensage „Hagen von Tronje" ein Denkmal gesetzt. Der Sage nach hatte Hagen hier einst den Nibelungenschatz in den Rhein geworfen. Vor allem in den Sommermonaten ist es an der Promenade besonders schön, eine

Willkommen in Worms

Ein riesen Spektakel: die Nibelungen-Festspiele

Strandbar lädt zum Verweilen bei einem leckeren Cocktail, Kolb's Biergarten und das Hagenbräu zu leckeren Speisen ein. In der Innenstadt gibt es dann noch weitere Zeugnisse der einstigen Nibelungensage zu entdecken. Zum Beispiel der „Streit der Königinnen", ein Denkmal, welches an Brunhild und Kriemhild erinnert – direkt vor dem Wormser Kaiserdom.

Seit 2002 finden vor dem Dom, am Originalschauplatz der Nibelungen, spektakuläre Open-Air-Inszenierungen statt, die den Nibelungenstoff jedes Jahr wieder neu aus interessanten Blickwinkeln erzählen. Dieter Wedel hatte damals am Dom begonnen und die Nibelungen-Festspiele zu großem Erfolg geführt. 2015 wurde der preisgekrönte Filmproduzent Nico Hofmann schließlich Intendant.

Während der Probenzeit der Nibelungen-Festspiele verändert sich die ganze Stadt, prominente Schauspieler wie Mario Adorf und Uwe Ochsenknecht verbringen in den Cafés oder Restaurants ihre Mittagspause und viele Einheimische sind ganz aufgeregt, weil sie ehrenamtlich mithelfen oder gar als Komparsen mit auf der Bühne stehen. Schmuckläden bieten speziellen „Nibelungen-Schmuck" an

Heylshofpark

und in dem einen oder anderen Restaurant gibt es auch ein „Nibelungen-Menue".

Wenn dann der Tag der Premiere kommt, wird der lange rote Teppich vor dem Heylshof ausgerollt. Fotografen, Kameraleute und Fans postieren sich am Teppich, um das beste Bild oder ein Autogramm zu bekommen, denn zahlreiche Prominente sind an diesem Tag geladen und es schwappt ein wenig Hollywood in die sonst so beschauliche Stadt.

Während der Festspiele ist auch der festlich illuminierte Heylshofpark, der das Entree der Festspiele bildet, fast museumsreif. Nicht umsonst zählt er zu den schönsten Freilicht-Foyers Deutschlands.

HEYLSHOFPARK / NIBELUNGEN-FESTSPIELE
Stephansgasse 9 · 67547 Worms · www.nibelungenfestspiele.de

Sobald in Worms die Sonne scheint, was in Rheinhessen eigentlich meist der Fall ist, kann man am Marktplatz die Schlange vor dem Eiscafé Vannini beobachten. Und die hat einen guten Grund: Hier gibt

Kühle Schlemmerei

es das leckerste Eis im Land – und egal wie lang die Schlange auch sein mag, die Wartezeit lohnt sich auf jeden Fall. Die köstlichen Eiskreationen des smarten Eis-Konditormeisters Pietro Vannini sind mittlerweile weit über die Stadtgrenze hinaus bekannt und beliebt.

Unter seiner Leitung wird das Eis nach original italienischer Handwerkstradition hergestellt, gänzlich ohne Konservierungsstoffe und immer tagesfrisch. Und dann gibt es noch ein Erfolgsgeheimnis: Die Zutaten sind ausschließlich Naturprodukte und kommen jeweils aus der Region, wo sie am besten gedeihen oder hergestellt werden, z. B. Zitronen und Pistazien aus Sizilien, Haselnüsse aus dem Piemont, Amarena-Kirschen aus Vignola und edle Schokoladen aus Holland und Belgien.

Zudem gibt es immer neue Überraschungen für die Gäste: Saison-Spezialitäten, neue Trends und innovative Geschmacksrichtungen. Zum Beispiel die folgende Kreationen: Mascarpone mit Granatapfel oder Spargeleis. Und auch hier ist der Rummel um die Nibelungen nicht ganz unbemerkt geblieben. So bietet Vannini während der Zeit der Nibelungen-Festspiele ein spezielles Nibelungeneis an. Blutrot soll es an das Drachenblut erinnern.

Kurz zur Erinnerung: In der Nibelungensage war Siegfried der bekannte Drachentöter. Er raubte dem Elfenkönig Alberich den Tarnmantel und den Nibelungenhort. Bis auf eine besondere Stelle war der große Held unverwundbar gewesen.

Beim Bad im Drachenblut soll dem großen Helden dann aber versehentlich ein Lindenblatt auf den Rücken gefallen sein, so dass dort kein Schutz mehr vorhanden war. Nur wer diese Stelle kannte, konnte ihm den Tod bereiten.

EIS VANNINI · Am Marktplatz · 67547 Worms · www.vannini.de

Den Abend nach den Festspielen lässt man – wenn nicht im Heylshofpark – am besten in der Kultkneipe „Die Funzel" ausklingen. Die kleine authentische Bar in der Güterhallenstraße hinterm Bahnhof erinnert an die 80er-Jahre, Kerzen in Weinflaschen beleuchten die Tische und im hinteren Teil des Zimmers steht eine Couch. Das Flair der Funzel hat sich bereits seit über 30 Jahren bewährt. Das ist auch nicht verwunderlich, denn sie ist der Ort, an dem sich Pro-

Funzel – die 80er-Jahre Kneipe mit Charme

fessoren der 50er-Jahre, Studenten und Absolventen gleichsam wie Musikliebhaber oder einfach Menschen wie du und ich treffen. Viele Stammgäste trinken Cuba Libre, Jacky Cola, Pils oder auch alkoholfreie Getränke. Dazu gibt es ein Funzel-Baguette, traditionell mit Fleisch, vegetarisch oder ganz im Trend – sogar vegan.

DIE FUNZEL · Güterhallenstraße 53 · 67549 Worms · www.die-funzel.de

Eine Oase am Rande der Nibelungenstadt: der Herrnsheimer Schlosspark

Einen weiteren Park, den es mit dem Fahrrad oder auch zu Fuß zu besuchen lohnt, ist der Herrnsheimer Schlosspark. Rund um den kleinen See und die große grüne Wiese lässt sich wunderbar die Sonne genießen. Ein Rundweg führt vom Schloss aus durch den Garten. Zwischendurch kann man in den Cafés eine Kleinigkeit essen oder trinken. Wenn man Glück hat, kann man auch mal einen Blick ins Schloss werfen. Oder einfach mal auf einer Parkbank ein wenig schmökern, zum Beispiel in dem sehr schön geschriebenen Stadtführer „Worms – Porträt einer Stadt" (Gernot Kirch, Lili Judith Oberle, Regina Urbach, erschienen im Gmeiner Verlag). Dieses Buch begleitet Wormser Persönlichkeiten, erzählt ihre Geschichten und ist eine ganz wunderbare Einstimmung für den Ausflug nach Worms.

An den Wochenenden ist das Herrnsheimer Schloss Kulisse zahlreicher Hochzeitsfeiern und bietet mit dem Park eine tolle Atmosphäre für den schönsten Tag im Leben. In lauen Sommernächten finden in der Remise des Chateau Schembs auch Konzerte statt.

Doch rund um das Schloss lässt es sich nicht nur gut feiern, essen und trinken, sondern auch schlafen. Die Residenz Bechtel hat hier

Reinhard Zado

„Am Schlosspark" ihr Hotel eröffnet. In der Vinothek im Erdge-
schoss verwöhnen edle Tropfen des Weinguts die Gäste.

CHATEAU SCHEMBS
Herrnsheimer Hauptstraße 1c · 67550 Worms-Herrnsheim
Tel.: 06241-52056 · www.chateau-schembs.de

AM SCHLOSSPARK
Emmrich-Joseph-Straße 11-13 · 67550 Worms-Herrnsheim
Tel.: 06241-206160 · www.am-schlosspark-bechtel.de

Besonders schön erlebt man Worms und die rheinhessische Landschaft mit dem Fahrrad. Entweder am Rhein entlang oder auch
durch die Innenstadt, in die Vororte oder die Region. Zahlreiche
Weingüter laden in jedem Stadtteil oder umliegenden Dorf in
Rheinhessen zu einer Rast ein.

Ein kleiner Geheimtipp ist ein Besuch im Weingut Gernot Michel in Gundheim. Schon bei der Ankunft sind aller Stress und alle

Sorgen vergessen – hier darf die Seele baumeln und die Familie Gernot wird sicherstellen, dass sich die Besucher rundum wohlfühlen. Der Innenhof verbreitet südfranzösisches Flair und lädt ein zum Verweilen. Am besten gleich bei einem Gläschen Wein oder – ganz neu im Sortiment – bei einer „Freizeitbrause", einem lieblich-fruchtigen Secco. Die Qualitätsweine aus eigenem Anbau zeichnen sich allesamt durch Harmonie und Bekömmlichkeit aus. Auf Anfrage führen Gernot Michel und sein Sohn Thomas ihre Gäste auch gerne mal durch den Weinkeller und bieten eine Weinprobe in einem romantischen 200 Jahre alten Gewölbekeller bei Kerzenlicht und regionalen rheinhessischen Köstlichkeiten.

Ein spezielles Übernachtungsangebot für Individualisten ist das kleine Rosenhäuschen, das ein wenig abseits vom Weingut gelegen ist. Umgeben von einem duftenden Rosengarten ist es ein liebevoll eingerichtetes Kleinod, speziell für Paare, die sich ganz ihrer Zweisamkeit widmen wollen.

Und noch ein besonders schönes Angebot ist der „Picknick-Spaß im Grünen". Anja Michel ist eine Landfrau mit Leib und Seele und sie kann kochen und backen, dass man niederknien möge. Für die Gäste bietet sie Picknick-Körbe an mit Köstlichkeiten wie frisch gebackenem Hefekuchen mit dicken Butterstreuseln, würzigem Landbrot mit Tomaten und Kräutern aus dem eigenen Garten, Käse und Schinken, dazu eine Flasche prickelnden, eiskalten Rieslingsekt.

Weingut Gernot Michel

Romantisch im Rosengarten

Und sie verrät ihren Gästen die schönsten Picknickplätze in der Umgebung: blühende Wiesen oder lauschige Weinbergsnischen.

WEINGUT GERNOT MICHEL · Schlossgasse 14 · 67599 Gundheim
Tel. 06244–4644 · weingut-gernot-michel@t-online.de
www.weingut-gernot-michel.de

Weinverliebte, die sich in Gundheim eingefunden haben, sollten unbedingt auch dem Weingut Hasslinger einen Besuch abstatten. Auch dort gibt es auf Anfrage Weinproben und eine große Auswahl verschiedener Rebsorten. Reinhard Hasslinger, der dort in dem traditionellen Familienunternehmen verantwortlich die Weine ausbaut, kann ganz wunderbar über das Leben als Winzer und den Wein erzählen. Von frisch-fruchtigen Rieslingen, vielen Weinen aus der Burgunder Familie über satte Rotweine bis hin zu Edelbränden reicht die Angebotspalette. Die beste Gelegenheit, ein gutes Tröpfchen für gemütliche Abende zu zweit mit nach Hause zu nehmen.

WEINGUT HASSLINGER · Hauptstraße 11 · 67599 Gundheim
Tel.: 06244-4926 · reinhard.hasslinger@t-online.de
www.weingut-hasslinger.de

Zurück in Worms: Gefeiert wird hier eigentlich während des ganzen Jahres. Eines der Highlights neben den Nibelungen-Festspielen ist das Backfischfest. Neun Tage lang herrscht dann in Worms ausgelassene Stimmung beim größten Wein- und Volksfest am Rhein, zu dem jedes Jahr rund 500.000 Besucher erwartet werden. Der Termin steht unverrückbar fest, nämlich vom letzten Wochenende im August bis zum ersten Wochenende im September.

Das traditionsreiche Backfischfest in Worms entwickelte sich übrigens aus der 1106 gegründeten Fischerzunft, wo der alte Brauch entstand, dass der Bürgermeister von der Fischerweide (Bojemääschter vun de Fischerwääd) mit seiner Backfischbraut die Amtsgeschäfte im Rathaus übernahm. Seit alters her wird dieser Brauch nun fortgesetzt und kristallisiert sich in einem der größten Volks-und Weinfes-

Das Wormser Backfischfest

te am Rhein. Nach der Eröffnung auf dem Wormser Marktplatz folgt am Sonntag der große Festumzug bis zur Kisselswiese. Über neun Tage ist die Stadt im Ausnahmezustand.

Am zweiten Sonntag dieses Festes findet das weithin bekannte und beliebte Fischerstechen statt. Dabei kämpfen die Teams der Vereine und Institutionen um den Titel. Das ist eine der ganz großen Highlights ebenso wie das große Feuerwerk zum Abschluss des Festes am Ufer des Rheins.

Doch bevor das Backfischfest beginnt, steht Worms noch ein musikalisches Wochenende bevor: Meist mehr Joy als Jazz gibt es bei „Worms: Jazz & Joy" zu hören. Bob Dylan, Joe Cocker, Die Fantastischen Vier oder Ronan Keating haben in den über 20 Jahren bereits auf der Bühne vor dem Dom gespielt. Insgesamt fünf Bühnen bieten an drei Tagen unter freiem Himmel eine außerordentliche musikalische Vielfalt von romantischen Balladen bis hin zu lauten Beats. Zu diesem Musikfestival bieten zahlreiche Wormser Institutionen leckere Speisen und Getränke, direkt am Weckerlingplatz kann man zum Beispiel von der sonnigen Terrasse des italienischen Ristorante Ambiente aus die Musik erleben und dazu die leckeren Spezialitäten des Hauses bei einem Glas Wein genießen.

Falls es im meist sonnigen Rheinhessen dann doch mal regnen sollte, ist das Wormser Kino eine gute Adresse. Hier sucht Patrick Mais die Filme für sein Kino aus, und der Cineast beweist guten Geschmack. Obwohl das Kino so heruntergekommen war, übernahm er im Jahr 2011 das unbeliebte Kino in der KW (Abkürzung für Kaiser Wilhelm, Wilhelm-Leuschner-Straße) und machte es zu einem Vorzeigekino mit Eventcharakter. „Kino alleine reicht heute nicht mehr", meint der Cineast und weist auf die Events hin, die

Jazz & Joy mit musikalischen Highlights

das Wormser Lichtspielhaus einzigartig machen: „Kinowelt kulinarisch" heißt eine Reihe, die sich sehr gut etabliert hat. Dabei werden Filme gezeigt, die sich mit der Lust am Genuss beschäftigen, wie zum Beispiel „Bella Martha" mit der Schauspielerin Martina Gedeck. Die schwungvoll romantische Koch-Komödie beweist voll Gewürz und Gefühl, dass auch Gott Amor ein Feinschmecker ist. Das Credo des Films: Gut kochen zu können ist eine Kunst, aber genießen zu können – das ist Liebe. Die im Film gezeigten Spezialitäten werden im Kino (von einem Caterer) nachgekocht und während der Filmpausen serviert.

KINOWELT WORMS · Wilhelm-Leuschner-Straße 20 · 67547 Worms
www.kino-worms.de

DIE PFALZ
Wein und Wonne

2. DIE PFALZ

Wein und Wonne

Dichte Wälder, rauschende Flüsse und ein Garten Eden: Wer Fülle sucht, der muss die Pfalz bereisen. Von den Rheinauen bis zu den Gipfeln des Pfälzer Berglands erstreckt sich die südlichste Region Rheinland-Pfalz. Haben wir Sie in den vergangenen Kapiteln mit Namen bereits ordentlich verwirrt, so geht es in diesem Kapitel damit munter weiter. Die Frage, die uns diesmal umtrieb, lautete: warum heißt die Pfalz in Rheinland-Pfalz eigentlich die Pfalz?

Im Mittelalter, das wissen natürlich die allermeisten, war die Pfalz zunächst keine Region, sondern die Bezeichnung für die temporären Verwaltungssitze der Herrscher, die sich auf ihren Reisen durchs Reich mit Sack und Pack und Hofstaat auf extra dafür gebauten Burgen und Schlössern für einige Zeit niederließen. Pfalzen gab es im ganzen Reich und als Verwalter dieser königlichen Zweit-, Dritt-, Viert- und Fünftwohnungen wurden die Pfalzgrafen bestellt. Deren Macht und Einfluss wuchs im Lauf der Zeit und als die mächtigsten unter ihnen kristallisierten sich die Pfalzgrafen bei Rhein heraus – die übrigens aus dem Hause der Wittelsbacher kamen, für all jene, die das hier wirklich interessiert.

Na jedenfalls legten die Pfalzgrafen bei Rhein eine so steile Karriere hin, dass sie ab 1356 einen der sieben Kurfürsten des Heiligen Römischen Reiches stellten. Darüber kam dann nur noch der König und weil der Titel des Kurfürsten den des Pfalzgrafen an Wichtigkeit noch übertrumpfte, setzte sich dieser durch, während der „Pfalzgraf" (zumindest der Pfalz-Teil des Wortes) im Lauf der Zeit begrifflich mit dem Gebiet verschmolz, über welches jene Kurfürsten/Pfalzgrafen bei Rhein herrschten: et voilá, die „Kurpfalz" war als Gebietsbezeichnung geboren.

Soweit so kompliziert und es wird auch nicht viel einfacher, denn die Region, die wir heute die Pfalz nennen, deckt sich, wie könnte es anders sein, nur halb mit der ehemaligen Kurpfalz. Es wurde rechts-

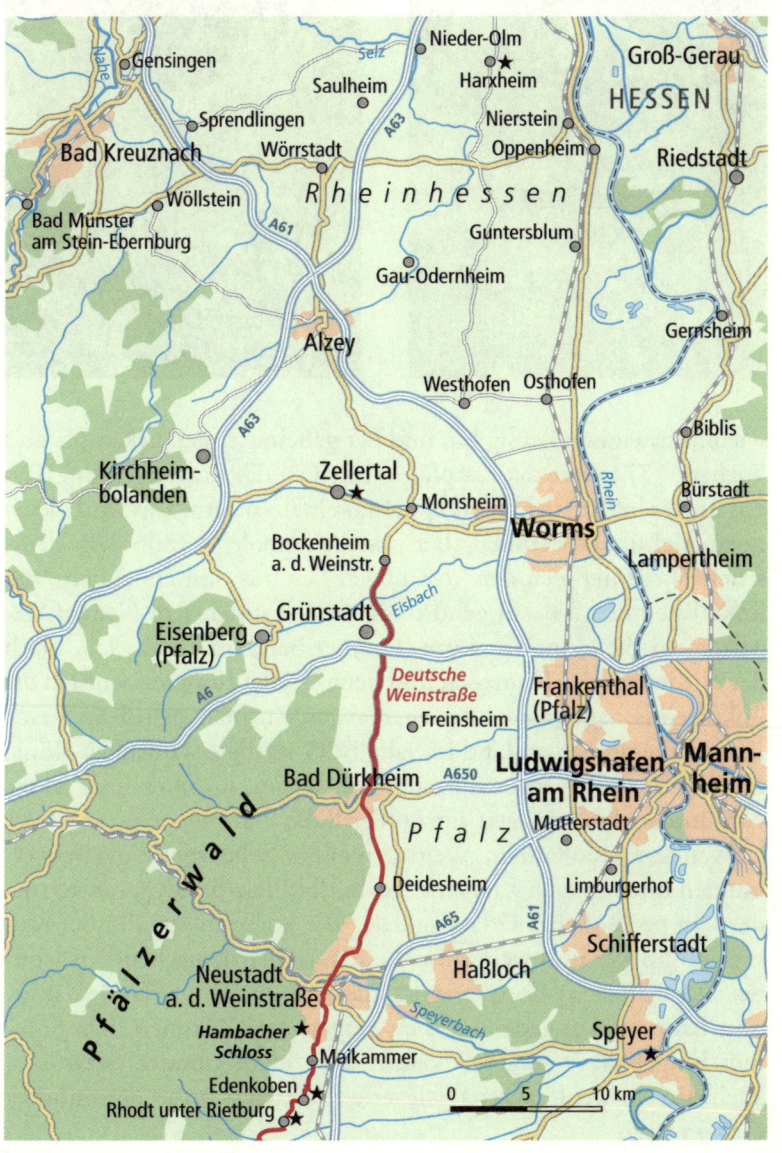

wie linksrheinisch fleißig hin und her geheiratet, sich bekämpft und koaliert. 1771 erbte der Kurpfälzer Kurfürst das Kurfürstentum Bayern und es bildete sich der Doppelstaat Pfalz-Baiern. Das wird gleich noch wichtig, erst einmal aber machte Napoleon 1806 dem deutschen Flickenteppich den vorläufigen Gar aus und annektierte das linke Rheinufer. Fortan gehörte dieser Teil unter dem Namen Departement du Mont-Tonnerre (Donnersberg) zu Frankreich. Nach der Niederlage der Franzosen und dem Wiener Kongress wurden die linksrheinischen Gebiete der ehemaligen Kurpfalz dem Königreich Bayern zugesprochen. Und im Jahr 1835 verfügte schließlich König Ludwig I. von Bayern, man möge die Region, in Anlehnung an die vorfranzösische Zeit, jetzt ganz offiziell die Pfalz nennen.

Wandern, Radfahren, Wein genießen, Sehenswürdigkeiten erkunden oder einfach ausspannen? In der Pfalz findet garantiert jeder sein persönliches Urlaubsglück. Wir waren diesmal in der Kaiserstadt Speyer und weiter im Westen an der deutschen Weinstraße. Das Klima ist dort so mild, dass neben Wein Mandelbäume und Esskastanien gedeihen, sich Feigen und Zitronen dem Sommer hingeben. Weniger bekannt, aber nicht minder reizvoll ist auch das ein wenig abseits gelegene Zellertal – unser persönlicher Geheimtipp.

SPEYER UND DIE WEINSTRASSE:

Geschichte & Genuss

Macht euch auf nach Speyer!", riet schon Goethe in seinem „Götz von Berlichingen" und das möchten wir Ihnen auch zurufen. Denn die Dom- und Kaiserstadt lockt mit viel Geschichte, interessanter Gegenwart und pfälzischem Frohsinn. Machen Sie sich also auf nach Speyer und entdecken Sie eine der schönsten Städte

Imposantes Stadttor

am Rhein. Ausgangspunkt unserer kleinen Stadttour ist das imposante Stadttor, das Altpörtel. 1254 wurde Speyer Freie Reichsstadt und das im 13. Jahrhundert gebaute Tor zeugt noch heute vom Stolz und Reichtum der Handels- und Kaufleute der Stadt. Mit 55 Meter Höhe ist es außerdem eines der höchsten deutschen Stadttore und man genießt von hier oben einen wahrhaft grandiosen Blick über die Stadt, der bei guter Sicht bis nach Heidelberg reicht.

ALTPÖRTEL · Maximilianstraße
67346 Speyer
Öffnungszeiten: April – Oktober
Mo. – Fr. 10 – 12 Uhr
14 – 16 Uhr · Sa., So. 10 – 17 Uhr

Über die Maximilianstraße führt der Weg zum Dom. Es ist die Lebensader der Stadt und unter den schönen Barock- und Rokokogebäuden sind besonders die Alte Münze von 1748 und das Rathaus von 1726 zu erwähnen. Geschäfte laden zum Bummeln ein, Restaurants und Straßencafés zu einer Verschnaufpause.

Rechts liegt in der Kleinen Pfaffengasse das Judenbad (hebräisch Mikwe). Speyer war im Mittelalter neben Mainz und Worms eines der Zentren des aschkenasischen Judentums entlang des Rheins. Das rituelle Reinigungsbad mit seinen reichen romanischen Ornamenten ist die älteste Anlage ihrer Art in Mitteleuropa. Sein zehn Meter tiefer Badeschacht wurde schon vor 1128 angelegt; die Ostwände der sich anschließenden Männer- bzw. Frauensynagoge blieben ebenfalls erhalten.

Lebensader der Stadt

JUDENHOF MIT MIKWE
Kleine Pfaffengasse 21
67346 Speyer
Tel.: 06232-291971
Öffnungszeiten:
November bis März
Di. – So. 10 – 16 Uhr · April bis
Oktober Mo. – So. 10 – 17 Uhr

Ein Abstecher in den Hasen-pfuhl lohnt sich. Das liebevoll restaurierte ehemalige Wohn-quartier der Fischer und Schiffer mit Feigenbäumen, Rosenhecken und Springbrunnen ist ideal für eine romantische Rast. Der Gang durch die Magaretengasse ist im Herbst besonders schön, wenn sich der Wein, der die ganze Stra-ße überwuchert, bunt färbt.

Zeugnis jüdischen Lebens im mittel-alterlichen Speyer

Zum Spazieren wie gemacht: die Altstadt von Speyer

Am Domplatz angekommen, erhebt sich der riesige Kaiserdom, das bedeutendste und größte romanische Bauwerk Europas. Drei deutsche Kaiser haben ihn erbaut, (1030–1102), acht deutsche Kaiser und Könige liegen in der Krypta begraben. Seit 1981 gehört die Glaubensfestung mittelalterlicher Herrscher zum Weltkulturerbe der UNESCO.

Dominiert das Stadtbild: der Dom

KAISERDOM ZU SPEYER · Domplatz · 67346 Speyer
Öffnungszeiten: April bis Oktober Mo. – Fr. 9 – 19 Uhr
November bis März Mo. – Fr. 9 – 17 Uhr · Sonntag ganzjährig 12 – 18 Uhr
www.dom-zu-speyer.de/Kaiserdom
Die Krypta öffnet und schließt eine Viertelstunde nach bzw.
vor den regulären Öffnungszeiten.
Eintrittspreise: 3,50 € / ermäßigt 1 € / Familien 8 €
Für Kinder bis 6 Jahre und Schulklassen ist der Eintritt zur Krypta frei

Außerhalb von Speyer, umgeben von klaren Seen und einer naturgeschützten Landschaft, liegt das attraktive und charmante Lindner Hotel & Spa Binshof. Die edle Unterkunft bietet mit ihren 5.200 Spa-Quadratmetern alles, was Körper & Seele zum Energie tanken brauchen. Ob im Klanglicht-Schwebebad, in der Solegrotte oder beim Spa Ritual „Massaggio e Musica", gönnen Sie sich einen Tag Wellness zu zweit.

LINDNER HOTEL & SPA BINSHOF · Binshof 1 · 67346 Speyer
Tel.: 06232-6470 · Fax: 06232-647199 · info.binshof@lindner.de

Wellnessoase

Von Speyer aus geht es nun rund 25 km ziemlich genau nach Westen an den Rand der Haardt. Hier beginnt in Neustadt an der Weinstraße eine der schönsten Regionen der Pfalz. Es ist schwer sich zu entscheiden: Sind es die 1.800 Sonnenstunden im Jahr und die zartrosa Blüten der Mandelbäume, die oft schon im März Frühlingsfreude wecken? „In Speyer fängt die Pfalz an Italien zu sein", sagen die Pfälzer und an der Weinstraße ist man endgültig mittendrin in der „Toskana Deutschlands".

Mandelbäume im Frühling

Geschichtsträchtig: das Hambacher Schloss

Entdecken Sie bei einem Altstadtbummel den Charme Neustadts mit seinen unzähligen Fachwerkhäusern und der hochaufragenden, gotischen Stiftskirche. Ein entspannender Spaziergang führt von der mediterranen Dr.-Welsch-Terrasse über den Sonnenweg zur Wolfsburgruine. Hoch hinaus geht es auf den Spuren der Kämpfer für Freiheit und Demokratie zum Hambacher Schloss mit freiem Blick auf endlose Rebhänge und die Rheinebene.

TOURIST-INFORMATION
Hetzelplatz 1 · 67433 Neustadt an der Weinstraße
Tel.: 06321-926892

Nächste Station ist Edenkoben. „Eine Villa italienischer Art, nur für die schöne Jahreszeit bestimmt und in des Königreichs mildestem Teil", so formulierte König Ludwig I. von Bayern seine Pläne vom Bau der Villa Ludwigshöhe. Verwirklicht hat der als Kunstliebhaber, Mäzen und Bauherr berühmte Monarch das Vorhaben zwischen 1846 und 1852 nach Plänen des Architekten Wilhelm Gärtner. Es ist schön, die an antike Vorbilder erinnernde, klassizistische Villa zu erkunden.

Eine Villa italienischer Art

SCHLOSS VILLA LUDWIGSHÖHE · Villastraße 64 · 67480 Edenkoben
Tel.: 06323-93016 · www.schloss-villa-ludwigshoehe.de
Öffnungszeiten: Jan. – 20. März geschlossen
20. März bis 30. Sep. 9 – 18 Uhr · Okt. und Nov. 9 – 17 Uhr

Die Innenräume der Villa sind nur mit einer Führung zu besichtigen. Sie beginnen zu jeder vollen Stunde. Geschichte locker aufbereitet wird bei den Stationstheatervorführungen, die es übrigens auch an vielen anderen Standorten im Land gibt. Hier stellen Schauspieler an Originalschauplätzen berühmte Figuren und ihre Geschichten nach. Voranmeldung unbedingt erforderlich.

In der Max-Slevogt-Galerie, einer Außenstelle des Landesmuseums Mainz im Obergeschoss, finden außerdem regelmäßig Ausstellungen statt. Seit 1980 hat das Werk des bedeutenden deutschen Impressionisten dort einen festen Platz.

Wer Durst hat und ausnahmsweise keine Lust auf Wein, der ist im Biergarten König Ludwig in Edenkoben bei einem kräftigen Dunklen oder auch spritzigen Hellen gut aufgehoben. Hier können Sie im Schatten ausladender Bäume und mit bester Weitsicht über die Rheinebene bayerische Spezialitäten und zünftige Holzgrilladen

Kühles Helles im Schatten alter Bäume

genießen wie zum Beispiel Riesen-Sparerips mit selbstgemachter BBQ Sauce. Einfach zünftig!

KÖNIG LUDWIG · Ludwigsplatz 10 · 67480 Edenkoben
Tel.: 06323-7474 · www.koenig-ludwig-keller.de
Öffnungszeiten: April bis Oktober Mo. – Fr. ab 17 Uhr · So. ab 11 Uhr

Last but not least: Kein Besuch in Edenkoben ohne eine Fahrt mit dem Sessellift hoch zur Rietburg. Die Bahn bringt Besucher in Doppelsitzen hinauf auf die 1200 erbaute Rietburg (550 m ü. Meer) – beziehungsweise das, was davon noch übrig ist. Von der Terrasse der Höhengaststätte an der Rietburg blickt man hinunter und bei gutem Wetter über die Rheinebene bis hinüber zu den Domen von Worms und Speyer, den Hängen des Odenwaldes und des Schwarzwaldes. Von der Ruine aus führen zahlreiche Wanderwege zu den Hütten im Pfälzer Wald.

EDENKOBEN RIETBURGBAHN · Villastraße 67 · 67480 Edenkoben
Tel: 06323-1800 · info@rietburgbahn-edenkoben.de
www.rietburgbahn-edenkoben.de · Öffnungszeiten: siehe Website

Der Charme der Theresienstraße

Sommerfreuden

Unweit von Edenkoben liegt Rhodt unter Rietburg. Das Dorf und besonders die wunderschöne Theresienstraße sind weit über die Grenzen der Pfalz hinaus bekannt und das zu recht. Nach dem Bezug der Villa Ludwigshöhe 1852 verbrachten König Ludwig I. und seine Frau Therese dort jeden zweiten Sommer. Therese, eine Protestantin, fuhr zum Gottesdienst in die evangelische Kirche nach Rhodt unter Rietburg. Die heutige Theresienstraße, die die Königin zur Fahrt in die Kirche nutzte, wurde ihr zu Ehren mit Kastanienbäumen bepflanzt. So sollte sie im Schatten der Bäume fahren können. Noch heute kann man unter den alten Bäumen wundervoll flanieren und den Charme der alten Häuser genießen. Typisch für die Höfe der Vorderpfalz sind die alten Torbögen und die sogenannte „Haus-Hof-Bauweise".

Mitten in diesem Idyll, hinter dem türkisgrün gestrichenen Tor der Theresienstraße 95, liegt der alte Winzerhof. Detailverliebtheit und Sorgfalt standen bei der Restaurierung der denkmalgeschützten Hofanlage aus dem 17. Jahrhundert im Vordergrund. Über einen malerischen Innenhof gelangt man zum Haupthaus und den Apartments. Landleben vom Feinsten, sehen Sie selbst:

Das gute Leben

Hinter dem Haus der Garten, lang und schmal wie ein Handtuch, ein Wingert einst. Eine ländliche Idylle voll lockender Gerüche und Farben. Rosenbüsche. Der alte Winzerhof ist ein Muss für alle Romantiker.

HISTORISCHER WINZERHOF
Theresienstraße 95 · 76835 Rhodt unter Rietburg
Tel.: 06202-923619 · info@historischer-winzerhof.de
www.historischer-winzerhof.de

Sanfte Hügel – guter Wein

Streng genommen jubeln wir Ihnen in diesem Kapitel gleich zwei rheinland-pfälzische Regionen unter. Am Rande des Mainzer Beckens liegt das kleine idyllische Zellertal und hier, so könnte man sagen, entlang der romantischen Ufer des kleinen Flüsschens

Pfrimm, zwischen den Ortschaften Monsheim und Marnheim, küsst Rheinhessen die Pfalz. Lange Zeit verlief durch das Zellertal die Grenze zwischen der ehemals bayerischen Pfalz und dem Großherzogtum Hessen. Und so gehört auch heute noch der westliche Teil des nur 12,5 km langen Tals zum pfälzischen Landkreis Donnersberg, der Osten hingegen wird vom rheinhessischen Alzey-Worms aus verwaltet. Seit ein irischer Mönch um 750 n. Chr. hier den ersten Rebstock für seinen Messweinberg in die Erde pflanzte, wachsen im Tal die Reben, und so ist dieses verträumte Fleckchen nicht nur die Heimat einer der ältesten, urkundlich erwähnten Weinbauorte, sondern auch das einzige Tal Deutschlands, das zwei Anbaugebiete vereint. Hier wachsen der nördlichste Pfalz- und der südlichste Rheinhessenwein.

Dank seiner Lage und einer guten Verkehrsanbindung ist das Zellertal sowohl von der Rhein-Neckar-Region über die A 65 als auch dem Rhein-Main-Gebiet über die A 63 schnell und bequem zu erreichen – umso mehr überrascht es, dass es bis heute eher ein Geheimtipp als ein Hauptausflugsziel ist. Im Tal schlängelt sich naturbelassen von Ost nach West die Pfrimm, jener kleine Nebenfluss des

Begünstigt von Lage und Klima: Zellertaler Wein

Traumlandschaft zum Wandern

Rheins, der im Nordpfälzer Bergland entspringt und bei Worms in den Rhein fließt. Seine Ufer lassen sich herrlich erwandern, an einigen Stellen führen die Wege durch kleine Auenwäldchen, wild verwachsen und geradezu verwunschen. Wie bei den Niefernheimer Löchern, diesen zwölf Meter tiefen Quellteichen, um die sich so manche Sage rankt.

Auf halber Höhe, zwischen den sonnenbeschienenen Hügeln, führt eine halbvergessene Landstraße durchs Tal. Neun Dörfer reihen sich an die Hänge dieser verträumten Landschaft, die sich auf alle erdenklichen Arten entdecken lässt. Suchen Sie sich Ihre Lieblingsreiseart aus, ganz gemütlich zu Fuß auf einem der vielen Wanderwege (Wanderweg Zellertal-Aktiv, Weinwanderweg Zellertal, Kneipp-Wanderweg, Jakobs-Pilgerweg), mit dem Fahrrad auf dem gerade fertiggestellten Zellertal Radweg, bei einer relaxten, sommerlichen Ausfahrt mit dem eigenen Auto oder auch ganz nostalgisch mit der seit 2001 wieder in Betrieb genommenen, historischen Zellertalbahn. Wie auch immer Sie Ihren Ausflug gestalten, eins haben alle gemeinsam: wundervolle Aussichten auf eine jahrtausendealte Kulturlandschaft. Infos und Karten stellt der Verein Zellertal Aktiv zusammen, der mit großem Erfolg auch regelmäßige Veranstaltungen organisiert. Beim kulinarischen Weinspaziergang etwa laden Winzer und Gastronomen an 7 Stationen zum Verweilen und Verkösten ein. Startpunkt ist der westliche Ortseingang von Zell, zwischen 12 und 15 Uhr. Jeweils zur vollen Stunde

Zentrale Lage mit grandioser Aussicht: die Ortschaft Zell

laden Kultur- und Weinbotschafter zu geführten Spaziergängen ein und berichten über Geschichten und Geschichte des Zellertales. Nach einem gemütlichen Streifzug führt der Weg oberhalb des Zellertaler Ehrenmals durch die Rebenlandschaft bis nach Mölsheim und wieder zurück. Buchung und weitere Infos über:

ZELLERTAL AKTIV E. V. · Herrwiese 31 · 67308 Zellertal
kontakt@zellertal-aktiv.de · www.zellertal-aktiv.de

Hoch oben und ziemlich in der Mitte des Tals thront die Ortschaft Zell, die dem Tal ihren Namen gab. Und der wiederum geht auf das Konto des heiligen Phillip, jenes irischen Mönchs, der sich auf dem Rückweg von seiner Priesterweihe in Rom inmitten der sanften Hügellandschaft des Tals niederließ und zusammen mit seinem Weggefährten Horoskolf eine „Cellula" (lat. Zelle) errichtete. Der heilige Phillip wurde bereits zu Lebzeiten als Heiliger verehrt und bescherte dem Tal einen frühen Ruhm. 950 erhält Zell eine Stiftskirche und bereits 1135 das Marktrecht. Im frühen Mittelalter gehörte Zell zu den bedeutendsten Wallfahrtsorten Deutschlands, selbst Kaiser Karl der Große und seine Frau pilgerten hierher, um Kindersegen zu erbitten. Wir wissen zwar nicht, welche seiner Gattinnen er bei dieser Reise im Schlepptau hatte – bei 18 Kindern (von denen man weiß) mit 5 Frauen (die man kennt) lässt sich jedoch auf jeden Fall konstatieren, dass sich die Sache offensichtlich ausging. Bis heute zeugt die Mitte des 18. Jahrhunderts erbaute St. Phillips-kirche von der Geschichte Zells als Wallfahrtsort. Zusammen mit ihrer evangelischen Schwester bildet sie die charakteristische Silhou-ette Zells. Es lohnt nicht nur ein Blick hinein in das prunkvoll baro-cke Innere der Kirche, die Aussicht, die Sie von hier oben genießen können, ist zauberhaft. Erfrischen kann man sich auf der Panorama-terrasse des Hotels Kollektur. Mitte des 18. Jahrhunderts ließ die Universität Heidelberg, der nach der Auflösung des St. Philipps-Stif-tes im Jahre 1551 die Besitzungen des Klosters übertragen worden war, dieses wundervolle Verwalteranwesen bauen. Heute lässt sich in der Kollektur gut speisen und natürlich auch sehr gepflegt über-nachten.

HOTEL KOLLEKTUR · Zeller Hauptstraße 19 · 67308 Zellertal
Tel.: 06355-954545 · Fax: 06355-954544
info@hotel-kollektur.de

Der Wein und der Herrgott gehören dank des heiligen Phillip hier im Tal untrennbar zueinander. Direkt neben den ersten Wein-

Edle Unterkunft mit Fernsicht: die Kollektur in Zell

Wahrzeichen und Friedensmal mit Blick über das Tal

bergen, die der Einsiedler dort anlegte, errichtete er ein Holzkreuz. Durch Sonne, Wind und Regen verwitterte im Lauf der Zeit das Holz und färbte sich dunkel. Und so gab der Zeller Schwarze Herrgott einer der ältesten urkundlich erwähnten Weinlagen ihren Namen.

Anfang des 20. Jahrhunderts gehörte der Schwarze Herrgott zu den teuersten und besten Weinlagen der Welt und in den letzten Jahren erlebt diese altehrwürdige Lage dank des begünstigten Klimas im Tal eine Renaissance.

Heute steht an der Stelle des ehemaligen Kreuzes das Wahrzeichen des Tales, das Zellertaler Friedensmal. 1926 errichteten die rheinhessischen und pfälzischen Gemeinden zu Ehren der im Krieg Gefallenen diesen expressionistischen Bau.

Für Liebhaber edler und fair gehandelter Olivenöle ist das Weingut Wick jedes Jahr im Mai erste Anlaufstelle. Zusammen mit dem auf nachhaltig angebaute und fair gehandelte Olivenprodukte spezialisierten Handelshaus Zait richten die Winzer bereits seit 15 Jahren das beliebte Olivenölfest Oliandi aus. Hier werden Öle degustiert, dazu feine Weine gereicht und ein buntes Kunst- und Kulturprogramm geboten. Publikumsmagnet sind auch die Ausstellungen im 75 Meter langen Gewölbekeller des Weingutes.

Müßiggang a lá Weingut Wick

Das Winzerpaar Jochen und Martina Wick bewirtschaften seit 1986 ihre Weinberge nach den Richtlinien von Ecovin. Neben dem omnipräsenten Riesling spielen bei Wick auch die roten Sorten eine wichtige Rolle, die in alten Fässern aus Pfälzer Eiche oder im Barrique ausgebaut werden. Neben den nationalen und internationalen Auszeichnungen konnten sie jüngst außerdem den renommierten „Red Dot Award Communication Design" abstauben. Sie setzten sich unter 7.000 Einsendungen aus 49 Ländern für ihr Verpackungsdesign durch.

WEINGUT WICK ZELLER · Hauptstraße 2 · 67308 Zellertal-Zell
Tel.: 06355-2201 · www.weingut-wick.de

*Familiensitz seit 300 Jahren: das
Weingut Janson Bernhard*

Von Zell aus gut zu sehen ist das Örtchen Harxheim und hier liegt das Weingut Janson Bernhard. Ein verwunschenes Gutshaus, exzellente Bio-Weine, 10.000 qm Landschaftspark, interessantes Kulturprogramm und eine Winzerin mit Herz und Ideen: Christine Bernhard. Ein Ort mit Potenzial zum Lieblingsplatz.

Als Unternehmerin ist Christine Bernhard, Inhaberin des Weinguts, ein Abräumer. Die Frau, die vor rund 25 Jahren als eine der Pionierinnen des ökologischen Weinbaus den elterlichen Betrieb übernahm, wird mit Auszeichnungen geradezu überschüttet. Der Agrarkulturpreis, der Förderpreis ökologischer Landbau, ein Bürgerpreis für ehrenamtliches Engagement und natürlich jede Menge Wein-Prämierungen dokumentieren seit Jahren ihren Erfolg. Die Sache läuft wirklich gut und auch die Presse hat die sympathische Winzerin längst entdeckt. Zeitungsartikel, Porträts und Fernsehbeiträge über sie, ihren Wein und die zahlreichen kulturellen und kulinarischen Veranstaltungen, mit denen sie den 300 Jahre alten Familienbesitz regelmäßig bespielt, füllen die Archive. Dabei hilft ihr sicher der Umstand, dass sie neben vielen anderen Talenten eine großartige Erzählerin ist. Man hört ihr gerne zu, wie sie

Frau mit Visionen und Erfolg: Christine Bernhard

über die Themen redet, die ihr wirklich etwas bedeuten: ihre Liebe zum Bio-Wein, zur Kultur, zum guten Leben auf dem Land und ihrem Weingut.

Man betritt den wildromantischen, kopfsteingepflasterten Hof durch ein verwittertes, gusseisernes Tor. Die 1898 erbauten und heute unter Denkmalschutz stehenden Gebäude zeigen dank behutsamer Restaurierung ein ungeschminktes und in Würde gealtertes Gesicht. An der rechten Hofseite befindet sich das für zahlreiche Veranstaltungen genutzte, sechssäulige Kreuzgewölbe, wunder-

„à la bonne heure" dachten die Rinder damals beim Einzug in ihre edlen Behausungen

schönes Beispiel einer Kuhkapelle, wie sie im Volksmund auch genannt werden. Rund 200 dieser aufwendig konstruierten, ehemaligen Stallungen wurden Mitte des 19. Jahrhunderts in Rheinhessen, in der Pfalz, im Hunsrück und an der Nahe gebaut und zeugen heute noch vom Wohlstand und dem Besitzerstolz ihrer einstigen Erbauer.

Wein baut die Familie seit 9 Generationen an. Der niederländische Mennonit Abraham Janson begründete diese Tradition, als er sich 1739 nach der Flucht vor religiöser Verfolgung am Ortsrand von Harxheim niederließ. Mit progressiven Anbaumethoden und kaufmännischem Geschick machte sich das Weingut im Lauf der Jahre einen Namen. Vor 200 Jahren füllte der Urgroßvater als einer der ersten seine Weine in Flaschen ab – die es dadurch bis auf die Hamburg-Amerika-Linie schafften. Heute ist Christine Bernhard stolz darauf, dass ihre Weine und ihr Rieslingsekt bis nach Berlin verkauft und u.a. im Berliner Schauspielhaus am Gendarmenmarkt ausgeschenkt werden. Mit französischem Touch versehen, wie die Winzerin beim letzten Betriebsausflug mit ihren Mitarbeitern amü-

Einer der größten Privatparks in Rheinland-Pfalz

siert feststellte, als ihr, vom Personal am Tresen unerkannt, in der Pause ein „sehr guter Janson Bernárd" empfohlen wurde.

Dem Urgroßvater hat das Weingut auch seinen Garten zu verdanken. Er legte Ende des 19. Jahrhunderts der Mode der damaligen Zeit folgend auf dem Acker hinterm Haus einen englischen Landschaftsgarten an. Heute wachsen in diesem prächtigen Privatpark exotische Ginkgo- und Mammutbäume, blühen zwischen Libanon-Zedern und Steinlinden im Staudenbeet die Pfingstrosen. Der Garten ist bis heute das Reich von Mutter Eleonore und bildet im Sommer eine erhebende Kulisse. Seit vielen Jahren können Gäste des Weinguts hier genussvoll ihre Hochzeit feiern oder Konzerte, Lesungen und kulinarische Themenabende genießen.

Leicht ist der Weg sicher nicht gewesen, den Christine Bernhard zurückgelegt hat. Wenn man die Früchte ihres unermüdlichen Einsatzes heute betrachtet, den wunderschönen Hof, den florierenden Weinhandel und den stets ausgebuchten Veranstaltungskalender, dann kann man kaum mehr erahnen, wie hart es für die frisch diplomierte Agrar- und Umweltingenieurin gewesen sein muss, als sie Anfang der 1990er nach Studienjahren in Ulm und Kassel zurückkehrte, um den elterlichen Hof zu übernehmen. Die Zeiten waren andere und Weinbau galt im Tal nicht gerade als zukunftsträchtig. Berater hatten der Familie sogar empfohlen, den Anbau einzustellen. Einer der Gründe: Christine Bernhard hatte keinen Bruder. „Wir waren ja ‚nur Meed' und dass ich, eine der beiden Töchter, den Hof übernehme, damit hat niemand gerechnet", erzählt sie. Als sie sich dann auch noch daran machte, ihren Traum vom Bio-Weinbau zu verwirklichen, gab es wenig Unterstützung. „Mir war klar, dass es nicht leicht werden würde, aber erst als der Nachbar mir im ersten Jahr eines Tages freundlich zurief: ‚Tine, ich hab schon mal für dich die ersten beiden Reihen gespritzt, damit du nicht so viel Arbeit hast' wusste ich, wie schwer es wird." Aber sie hat es geschafft, mit Beharrlichkeit und immer wieder frischen Ideen: ob bei Wanderungen im Weinberg, Theateraufführungen im Garten, Kräuterführungen, exquisiten Tafeleien, Konzerten oder einem Mondscheindinner im Garten: in Zellertal-Harxheim sind Gäste immer willkommen.

WEINGUT JANSON BERNHARD
Hauptstraße 5 · 67308 Zellertal-Harxheim · Tel.: 06355-1781
info@weingutjansonbernhard.de · www.jansonbernhard.de
Öffnungszeiten: Verkauf tägl. · außer So.
nach Terminvereinbarung Fr., Sa. 10 – 16 Uhr

Ein Platz für Entdeckungen: der Skulpturengarten von Wolf Münninghoff

Nur ein paar Schritte weiter, gleich neben der Kirche in Harxheim, hat der Bildhauer Wolf Münninghoff in einem verwunschenen alten Anwesen ein neues Zuhause gefunden. Der Künstler arbeitet mit Stein und Holz, seine Arbeiten findet man im ganzen Land. Seit einigen Jahren entsteht auf seinem Grundstück ein Skulpturengarten, in dem er auch regelmäßig Bildhauer-Seminare anbietet. In diesen gut gebuchten Kursen können sich Anfänger wie Fortgeschrittene in der Kunst der Steinbearbeitung üben und ihre Ergebnisse auch in späteren Gruppenausstellungen präsentieren. Werfen Sie bei Ihrem Besuch unbedingt einen Blick über die Mauer, Wolf Münninghoff führt Sie auch gerne durch den Garten. Wenn Sie sichergehen wollen, dass er da ist, rufen Sie vorher an.

WOLF MÜNNINGHOFF · Lindenstraße 7 · 67308 Zellertal-Harxheim
Tel.: 06355-989462 · www.wolf-muenninghoff.com

Die Prosperität, die der Weinbau im 19. Jahrhundert dem Tal brachte, zeigt sich bis heute an den weitläufigen, herrschaftlichen Schlossgütern und Winzerhöfen, wie zum Beispiel das Schlossgut Lüll in Wachenheim. Sie prägen den Charakter der Ortschaften und trotz aller Patina ist ihnen der Wohlstand ihrer einstigen Erbauer bis heute anzusehen.

SCHLOSSGUT LÜLL · Hauptstraße 41 · 67591 Wachenheim
Tel.: 06243-5510 · Fax: 06243-905263
info@schlossgut-luell.de

Gegenüber von Wachenheim auf der Nordseite des Tals liegt Mölsheim. An jedem Sonn- und Feiertag zwischen Ende April und Ende Oktober lädt dort die Weinrast zum Verweilen ein. Bei einem guten Glas Wein und einem regionalen Imbiss schweift der Blick vom Odenwald über die Rheinebene bis zum Donnersberg. Die Weinrast wird von Zellertaler Winzern aus Rheinhessen und der Pfalz gemeinsam bewirtschaftet. Genießen Sie in Ruhe die einzigartige Lage und lassen Sie sich begeistern von der rheinhessisch-pfälzischen Gastfreundschaft.

WEINRAST · Hauptstraße 52 · 67591 Mölsheim
Öffnungszeiten: April bis Oktober Sonn- und Feiertag 11 – 20 Uhr

Einen letzten Blick wollen wir weiter östlich in den Innenhof des Monsheimer Schlosses werfen. Auf den Fundamenten einer früheren Wasserburg wurde hier im Jahre 1651 ein herrschaftliches Renaissance-Schloss gebaut. Im Schlosshof findet viermal im Jahr der über die Grenzen des Tals hinaus bekannte Kükenmarkt statt. Selbstversorgung ist ein Trend, Hühnerhaltung kommt wieder in Mode und so bieten in pittoresker Kulisse diverse Züchter ihre Küken und Junghühner einer begeisterten und stetig wachsenden Käuferschar an. Ein Paradies auch für Kinder, die neben diversen Hühnern und Geflügelarten auch Kaninchen und Tauben sehen und erleben können. Immer im Frühling bis zum Frühsommer.

BAUERN- & KÜKENMARKT MONSHEIM
Schlosshohlstraße 1 · 67590 Monsheim
Tel.: 06243-4729235 · Mobil: 0171–4456799
www.kükenmarkt.de

OBERES MITTELRHEINTAL

Vom Schöpfer con Amore

3. OBERES MITTELRHEINTAL

Vom Schöpfer con Amore

Der Rhein: Sobald man diesen kurzen Namen ausspricht, hat man heute ein bestimmtes Bild vor Augen. Auf dem weißen Blatt des Gedächtnisses zeichnet sich mit eigentümlicher Genauigkeit der Verlauf eines großen historischen Stromes ab. Mit seinen vielen Krümmungen reicht er vom Adula-Massiv bis zu den Ufern

der Nordsee. Seine Wassermassen haben sich ein Bett gegraben, durch das sie am Anfang wütend hindurchschießen, dann ihr Tempo drosseln, um schließlich breit und träge dahinzufließen. "

Lucien Febvre

Er kommt aus den Alpen, durchfließt den Bodensee, knickt bei Basel nach Norden ab, schlängelt sich durch Deutschland und endet in Europas größter Hafenstadt Rotterdam. Über 1.200 Kilometer legt der Rhein auf seiner Reise von den Alpen zur Nordsee zurück und berührt dabei acht europäische Länder: die Schweiz, Lichtenstein, Österreich, Deutschland, Frankreich, Belgien, Luxemburg und die Niederlande. Der Rhein ist seit je her Verbindungsweg und Grenzfluss, ist mythenbewachsen und kriegsumkämpft. Er verbindet den Süden Europas mit dem Norden und „überall", schreibt Lucien Febvre 1935 in seinem Essay über die Geschichte des Rheins, „treffen wir auf das klassische Bild von den fruchtbaren Rheinlanden, durch die ununterbrochen Menschen und Waren von Norden nach Süden oder umgekehrt gezogen sind: zur nebligen Nordsee oder zum sonnigen Mittelmeer."

Er hat bereits einiges auf dem Buckel, der gute alte Vater Rhein, wenn er sich, so ungefähr nach halber Strecke, direkt hinterm Binger Loch ins enge Mittelrheintal zwängt und sich dort, wo die Mittelgebirge des Taunus und die Höhen des Hunsrück ganz eng aneinanderrücken, tief in das rheinische Schiefergebirge gräbt. Hier, auf einer Strecke von 67 Kilometern, zwischen Bingen und Koblenz, liegt das UNESCO Welterbe Oberes Mittelrheintal. Und so abwechslungsreich die Landschaften rechts und links der Rheinufer von der Quelle bis zur Mündung auch sind, kein Abschnitt hat die Fantasie der Menschen je mehr beflügelt, als dieses, von hohen, schroffen Felsen geprägte Tal.

Das ist auch kein Wunder, hier kommt tatsächlich einiges zusammen: Spektakuläre Natur trifft Geschichte trifft Geschichten. Buchstäblich jeder Felsvorsprung trägt eine mittelalterliche Burg, entweder als Ruine oder, sehr viel öfter, als im 19. Jahrhundert hübsch aufgerüschte romantische Rekonstruktion. Ausblicke und Ansichten soweit das Auge reicht. Generationen von Malern, Dichtern und Gelehrten haben dieses kleine Fleckchen Erde beschrieben, es wurde tausendfach besungen und vertont, in unzählige Verse gepackt, Heldenepen, Liebesdramen und Gruselgeschichten an seinen Ufern angesiedelt.

„Zu Bacharach am Rheine…" beginnt eines der berühmtesten deutschen Gedichte und natürlich stammt es aus der Feder eines Dichters des 19. Jahrhunderts, Clemens Brentano. Denn erst die empfindsamen Seelen der deutschen Romantiker mit ihrem Faible fürs Unfassbare waren es, die dem engen und schwer schiffbaren Flusslauf zwischen Bingen und Koblenz diesen verträumten, gefühligen und immer auch ein wenig düsteren Charakter verpassten, der uns noch heute „in den Sinn" kommt. Genauso, natürlich, wie jene tragische Geschichte von der blonden Schönheit Loreley, die Heinrich Heine, der alte Schlawiner, uns als ein „Märchen aus uralten Zeiten" unterjubelte, wenngleich es doch aus der Feder seines Zeitgenossen Brentano stammte. Die Romantiker fanden im Rheintal mit seinen tiefen Einschnitten, den hohen Felsen und erdigen Farben eine Art Seelenlandschaft. „Der schönste Landstrich von

Deutschland", konstatierte Heinrich von Kleist in einem Brief von seiner Rheinreise bereits 1801, „an welchem unser großer Gärtner sichtbar con amore gearbeitet hat". Eine Gegend, wie ein „Dichtertraum".

In der romantischen Schwärmerei für das Tal schwang die Sehnsucht nach einer wilden, unverfälschten und ursprünglichen Natur mit zu einer Zeit, in der die Industrie ganze Landschaftsstriche veränderte und Lebensräume unwiederbringlich zerstört wurden. Auch der Rhein blieb von dieser Entwicklung natürlich nicht verschont. Der Fluss war mit seinen vielen Untiefen und seiner schnellen Strömung von je her ein gefährliches Gewässer. Und kurz nach der Mündung der Nahe bei Bingen, bei Schiffskilometer 530,8 um genau zu sein, war Jahrtausende lang dann endgültig Schluss. Hier fließt der Rhein nämlich über einen riesigen und quer zur Strömung liegenden Quarzitfelsen – ein unpassierbares Hindernis. Die Schiffe mussten landen, abgeladen und die Waren über Land weitertransportiert werden. Zwar gelang es im 17. Jahrhundert erstmals eine 4 Meter breite Durchfahrt in das Riff zu sprengen – das Binger Loch. Doch erst unter den Preußen wurde mit den großen Sprengungen zur Rheinbegradigung begonnen. Die Vision der dem Denken der Aufklärung verpflichteten Ingenieure des 19. Jahrhunderts war klar. Der Fluss musste gezähmt, endgültig seiner Wildheit beraubt und für die Schifffahrt sicher befahrbar gemacht werden: Eine betonierte Röhre, die das Wasser gleichmäßig und immer vorhersehbar abwärts beförderte war das Ziel.

Am Mittelrhein, der wegen seiner geografischen Beschaffenheit nur schlecht in dieses Idealbild eines Flusses passte, fanden die Künstler und Schöngeister dieser Zeit ihr Rückzugsgebiet. Sie romantisierten die raue, vermeintlich unverfälschte Natur und die „einfachen Menschen" mit ihrem „einfachen Leben". Und nicht zuletzt bildeten die altehrwürdigen Dörfer, Burgen und Schlösser, deren Geschichte weit zurückreicht, eine ideale Blaupause für die Konstruktion einer neuen, nationalen Identität. Während den Aufklärern die mittelalterlichen Burgruinen an eine dunkle, überkommene Epoche erinnerte, spürten die Romantiker in ihren verlassenen Mauern die eigenen Wurzeln auf. Das Mittelrheintal wurde so auch zum Sehnsuchtsort der sich erfindenden deutschen Seele.

Viel schöner als sein Image

Von alleine sind die deutschen Dichter da allerdings nicht drauf gekommen. Junge englische Adlige waren es, die auf ihrer Grand Tour das Rheintal für sich entdeckten und deren begeisterte Schilderungen die deutschen Dichter neugierig auf das machten, was direkt vor ihrer Haustür lag. Sie gingen nachschauen und siehe da, „die üppigste Phantasie kann nichts Schöneres erdenken als dieses Tal, daß sich bald öffnet, bald schließt, bald blüht, bald öde ist, bald lacht, bald schreckt". Ehrlich gesagt, uns erging es bei der Recherche zu diesem Kapitel nicht viel anders. Auch wir brauchten erst einen kleinen Schubs. Mussten die Patina abtragen, welche sich über die Erinnerungen an Sonntagsausflüge unserer Kindheit gelegt hatte. Die immer ein bisschen nach brackigem Flusswasser und Frittenfett zu riechen schienen und deren Soundtrack sich aus Klassikern wie „draußen nur Kännchen" oder der weinselig vorgetragenen Frage, warum es denn am Rhein so schön sei, zusammensetzten. Geschunkelt, versteht sich.

Mit unseren staubigen Gefühlen stehen wir leider nicht alleine da. Tatsächlich ist es ums Image der Region – UNESCO Welterbe hin, Rheinromantik her – nicht zum allerbesten bestellt. Was dem Tal einst zur wirtschaftlichen Blüte verhalf und den Tourismus beförderte – der Bau der Eisenbahn Mitte des 19. Jahrhunderts – schafft heute durch den Lärm ein omnipräsentes Problem. Fehlende Infrastruktur, alternde Gemeinden und der ein oder andere Investitionsstau im Hotel- & Gaststättengewerbe tun ihr Übriges. Die Zahl der Besucher nahm seit den 1980er Jahren kontinuierlich ab und man hat mancherorts das Gefühl, dass der Tourismus in einer Zeit stecken blieb, „in denen Gäste noch Fremde hießen und im Fremdenverkehrsamt zu warten hatten", wie Bernd Freytag letztes Jahr in der FAZ summierte. Und von alleine hierher kamen, möchte man hinzufügen.

„Früher war mehr Lametta", fasste so auch Burgenbloggerin Jessica Schober das Verhaftetsein einiger Bewohner in den alten, vermeintlich besseren Zeiten mit einem Loriot-Zitat zusammen. Ihr Aufenthalt auf der Burg Sooneck – bei der sie sich im Sommer 2015 im Auftrag der Rhein-Zeitung als quasi Stadtschreiberin betätigte – wirkt wie eine Verjüngungskur für die Region bis heute nach. Die junge, ausgesprochen intelligente und sympathische Frau fegte einmal kreuz und quer durchs Tal und brachte mit ihren Artikeln (wirklich lesenswert und immer noch nachzuschlagen im Archiv des Burgenblogs unter www.burgenblog.de), ihrem echten Interesse für die Menschen und ihrer Offenheit für die Schönheit der Gegend genau den frischen Wind, den es hier dringend braucht. Und so haben auch wir uns mal wieder hingetraut und möchten Sie nun ermuntern, es uns gleichzutun. Denn was Sie dort finden werden, ist eine Reise auf jeden Fall wert: Das Mittelrheintal ist eine der beeindruckendsten Landschaften der Erde, über Jahrtausende von Menschenhand gestaltet. Genießen Sie nach einem langen Tag voller Eindrücke auf einer der vielen Rheinterrassen die Aussicht und stoßen Sie mit einem guten Glas Wein auf das Leben an – und wenn Ihnen dann ein wenig Brentano auf den Lippen liegt, dann lassen Sie Ihrer lyrischen Seite doch einfach freien Lauf. In diesem Sinne: Welch entzückend laues Wehen! Blumenathem! Traubenduft!

RHEINTALKLASSIKER

Das Mittelrheintal ist kein Ort für allzu große Experimente. Sie bekommen, wofür Sie kommen: ausgewiesene Wanderwege auf den Höhen mit traumhaften Ausblicken und 4-Sterne-Übernachtungen auf echten Burgen. Sie bekommen Wein und Kultur und, natürlich, den klassischsten aller Rheintalklassiker: die Dampferfahrt. Sie können, nein, Sie müssen einen der unzähligen Ausflugsdampfer besteigen, die zwischen Koblenz und Bingen pendeln und allein 2015 fast eine Million Menschen durch das UNESCO Welterbe schipperten. Es gibt eine ganze Reihe Reedereien, mehr als ein Dutzend Anleger auf der Strecke und gegen den Strom dauert die Fahrt viel länger wie talwärts. Besucher können aussteigen wo sie wollen oder an Deck die Landschaft bewundern. Ob sie nun nach Fahrplan reisen, an einer der vielen Sonderfahrten teilnehmen, mit oder ohne Weinprobe, Galadinner oder Feuerwerk schippern wollen – ein paar Ingredienzien buchen Sie bei einer Schiffstour mit: jede Menge fröhlich fotografierende Japaner, spontane Gesangseinlagen vor der Loreley und auf vielen Schiffen immer noch eine in die Jahre gekommene Einrichtung, die unmissverständlich klarmacht, dass sich die „gute alte Zeit" nicht überall totkriegen lässt. Nehmen Sie es mit Humor und freuen Sie sich, dass es noch Orte gibt, die resistent sind gegen Zeitgeist. Wäre doch auch schade, wenn wirklich überall Starbucks wäre, oder?

Die Größte Flotte auf der Strecke unterhält nach wie vor die traditionsreiche Köln-Düsseldorfer Deutsche Rheinschifffahrt AG, kurz KD. Das Angebot ist riesig, die Kombinationsmöglichkeiten groß. Alles buchbar, da ist das Unternehmen ganz modern, über die Homepage. Mit Ticket zum Selberdrucken. Wem das zu kompliziert ist, der kann sich auch telefonisch beraten lassen oder das Ticket einfach spontan vor Ort am Schalter kaufen, der eine Stunde vorm Ablegen der Dampfer direkt am Kai öffnet.

Aushängeschild der Flotte ist übrigens der Riesenkatamaran „Rheinenergie", das größte Flussboot Europas. Sie bietet dank gigantischer Fensterfronten einen unvergleichlichen Blick auf die Landschaft – allerdings dank großer Bühne und zweigeschossiger Zuschauerebene auch jede Menge Trubel.

KÖLN-DÜSSELDORFER DEUTSCHE RHEINSCHIFFFAHRT AG
Tel.: 0221-2088318 · info@k-d.com · www.k-d.de
Öffnungszeiten: Mo. - Fr. 8 – 17 Uhr · Sa. 9 - 12 Uhr
Fahrzeit: Mitte April bis Ende Oktober

Besonders beeindruckend präsentiert sich das Tal beim alljährlichen Megaspektakel Rhein in Flammen. Ein großer Schiffskorso fährt die Strecke zwischen Braubach und Koblenz ab, vorbei an grün und rot erleuchteten Burgen und Feuerwerken. Dabei glitzert der Rhein und reflektiert die Lichter und Farben und zwischen Binger Mäuseturm und Drachenfels ist Feststimmung angesagt. Kleine Dampfer und große Schiffe nehmen an der nächtlichen Parade teil, schmücken ihre Decks in den schönsten Farben und bieten Erlebnis hautnah. Der Rhein steht buchstäblich in Flammen. Entlang des

Mega-Glitzer-Spektakel

Rheins bieten die Orte dazu ein reiches Rahmenprogramm. Gute Sicht auf die Macht der glitzernden Sterne und Goldregen gibt es überall am Ufer. Einen der schönsten Plätze bieten allerdings die zahlreichen Schiffe auf dem leuchtenden Fluss.

Weitere Infos unter: www.rhein-in-flammen.com

Das nördliche Tor ins Tal ist die Stadt Koblenz. Da wo die Mosel in den Rhein fließt, da wacht – nicht unumstritten – seit Mitte der 1990er Jahre die Rekonstruktion eines monumentalen Kaiser Wilhelm Denkmals über das „Deutsche Eck". Als „steinernes Geklump" verspottete der Antimilitarist und Pazifist Kurt Tucholsky die Reiterstatue bei seinem Besuch in Koblenz 1930. „Wir gingen auf der breiten, baumbestandenen Allee; (…) dann standen da keine Bäume mehr, ein freier Platz, ich sah hoch … und fiel beinah um. Da stand – Tschingbumm! – ein riesiges Denkmal Kaiser Wilhelms des Ersten: ein Faustschlag aus Stein. Zunächst blieb einem der Atem weg. Das Ding sah aus wie ein gigantischer Tortenaufsatz und repräsentierte jenes Deutschland, das am Kriege schuld gewesen ist. (…)

Oben jener, auf einem Pferd, was: Pferd! auf einem Roß, was: Roß! auf einem riesigen Gefechtshengst wie aus einer Wagneroper, hoihotoho! Ich schwieg erschüttert und sah Jakopp an. ‚Ja‘, sagte Jakopp, ‚das ist das Kaiser-Wilhelm-Denkmal am Deutschen Eck‘.“

Unweit des Denkmals befindet sich die Talstation der Seilbahn, die anlässlich der Bundesgartenschau 2011 vom Deutschen Eck über den Rhein hoch zur Festung Ehrenbreitstein gebaut wurde und die sich dank der spektakulären Aussichten zum absoluten Besuchermagneten entwickelt hat. Allerdings bangen die Koblenzer um ihren Weiterbetrieb. Was es daran zu bemängeln gibt? Nun, der internationale Rat für Denkmalpflege, der die UNESCO in Fragen des Denkmalschutzes berät, hielt die Bahn für nicht vereinbar mit dem Welterbestatus und riet zum Wiederabbau. Zum guten Glück für Koblenz und seine Besucher ließ sich die UNESCO bei ihrer letzten Welterbe-Sitzung im weit entfernten Phnom Penh erweichen und genehmigte die Seilbahn vorerst bis 2026. 18 Kabinen für jeweils 15 Personen befördern die Besucher nach oben. Besonders Schwindelfreie sollten auf die Kabine Nr. 17 warten, die hat einen Glasboden. Genießen Sie den unvergesslichen Panoramablick auf

Panoramablick über den Rhein

Stadt, Hügel, Flusstal – wenn Zeit und Wetter stimmen, funkelnder Sonnenuntergang inklusive.

SEILBAHN KOBLENZ · www.seilbahn-koblenz.de
Öffnungszeiten: 20. März bis 31. Oktober 2016 9.30 – 19 Uhr
01. November bis Ende März 2017
Sa., Sonn- und Feiertag 9.30 – 17.30 Uhr
Talstation Konrad-Adenauer-Ufer / Nähe Basilika St. Kastor
Bergstation Festung Ehrenbreitstein

Der heutige Bau der Festung Ehrenbreitstein stammt aus den ersten Jahrzehnten des 19. Jahrhunderts und war Teil des preußischen Befestigungssystems am Mittelrhein. Sie galt bei ihrem Bau als uneinnehmbar. Heute beherbergt das imposante Bauwerk hoch über der Stadt neben einer Jugendherberge auch das Landesmuseum Koblenz. Auch ihre Außenanlagen wurden für die BUGA 2011 neu gestaltet und sind jetzt ein beliebtes Ausflugsziel.

Koblenz und das Deutsche Eck

FESTUNG EHRENBREITSTEIN · 56077 Koblenz
Tel.: 0261-66754000 · www.diefestungehrenbreitstein.de
Öffnungszeiten: April – Oktober 10 – 18 Uhr
18 – 24 Uhr i.d.R. freier Zutritt zu Gelände und Gastronomie
November bis März 10 – 17 Uhr · 17 – 24 Uhr i.d.R. freier Zutritt zu
Gelände und Gastronomie. Am 24. und 31. Dezember geschlossen

Sonnenanbeter finden im Sommer auf den riesigen Wiesen der Festung garantiert ihren Lieblingsplatz. Tipp: Picknickkorb mitnehmen!

Auch die Koblenzer Altstadt mit ihren romantisch verwinkelten Gassen, malerischen Hinterhöfen und kleinen gemütlichen Plätzen ist einen Abstecher wert. Wem der Sinn nach einem kleinen charmanten Café mit feinen Köstlichkeiten steht, der wird etwas abseits vom Münzplatz, im Café Pfefferminzje, fündig. Sowohl im Innenraum als auch im romantischen Hof kann man bis spätabends die ein oder andere Leckerei genießen

CAFÉ BISTRO PFEFFERMINZJE · Mehlgasse 12 · 56068 Koblenz
Tel.: 0261-2017777 · info@pfefferminzje.de · www.pfefferminzje.de
Öffnungszeiten: Mi. – Do. 9.30 – 18 Uhr · Fr. – So. 9.30 bis 22 Uhr
Mo. und Di. geschlossen

Das angeblich beste Eis der Stadt gibt es nach einmütiger Auffassung gegenüber der Liebfrauenkirche im E Gel o Sia. Besonderer Gag ist das „sichtbare Eislabor", die zur Straße hin durch eine Scheibe sichtbare Manufaktur.

E GEL O SIA · Braugasse 6 · 56068 Koblenz
Tel.: 0261-1334263 · www.egelosia.de

Mit dem Rheindampfer zwei Stunden stromaufwärts vorbei an schroff aufragenden Uferfelsen, herrlichen Weinbergen, malerisch zwischen Fluss und Fels geschmiegten Orten und majestätisch auf den Gipfeln thronenden Höhenburgen liegt Boppard. Berühmt ist das Örtchen weil sich der Fluss hier besonders exzentrisch präsentiert und einen Dreiviertelkreis beschreibt, die Rheinschleife. Wer sie erkennen will, der muss allerdings hoch hinauf. Dorthin surrt vom Mühltal am Ortsrand von Boppard ein 1954 gebauter Sessellift – ein Zweisitzer, wie passend. Für die 232 Höhenmeter nimmt der alte Herr sich Zeit: 20 Minuten dauert die luftige Beförderung, die so schön nostalgisch stimmt.

SESSELBAHN BOPPARD · Mühltal 12 · 56154 Boppard
Tel.: 06742-2510 · www.sesselbahn-boppard.de
Fahrzeiten: 16. April – 30. September 10 – 18 Uhr · Feiert. 10 – 18.30 Uhr
Fahrzeiten können sich wetterbedingt ändern

Zu Anfang schwebt man über einen kleinen Rebhang, 5 Minuten später über Schieferfelsen und Eichenwälder. Die Bergstation liegt auf der Höhe mitten im Wald. Zwei Aussichtslokale erwarten die Besucher, nach fünf Minuten Fußweg erreicht man das Gedeonseck (Gaststätte mit Panoramaterrasse), von dem aus die gesamte Rheinschleife von Boppard übersehen werden kann.

RESTAURANT GEDEONSECK · 56154 Boppard
Tel.: 06742-2675 · www.gedeonseck-boppard.de

Tolles Naturspektakel: Rheinschleife

Nichts für schwache Nerven

Sportlicher kommt man natürlich auf dem Fußweg hoch (150 Höhenmeter, 30 Min.). Und wer es ganz sportlich angehen möchte, der kann für den Aufstieg auch den Mittelrhein-Klettersteig nehmen. Der schmale Steig ist Teil des Rhein-Burgen-Wanderwegs und startet unmittelbar vor der Sessellift-Talstation hinter der Gaststätte „Zum Mühlchen". Wer trittsicher und schwindelfrei ist, den belohnt der Klettersteig mit einem unvergesslichen Erlebnis. Über 10 Leitern, 130 Trittbügeln und ca. 180 Meter Drahtseil führt der Steig über steile Felswände und schmale Pfade, vor denen sich Abgründe öffnen.

Wer vom „Gedeonseck" noch mal 500 Meter weiter am Hochufer entlangwandert, der kommt zum idyllischen Ausflugsrestaurant „Vierseenblick". Und tatsächlich sind von der Terrasse aus nur vier einzelne kurze Abschnitte des Rheins erkennbar – die vier „Seen".

Vierseenblick

Mehrere Rundwanderwege (bis 5 km) führen zu markanten Eichen (Hedwigseiche, Engelseiche) sowie zum Jakobsbergerhof (ehemaliges Klostergut, jetzt Golfplatz). Durch das Mühltal verläuft der Abstieg nach Boppard. Hier bietet sich der Historische Karmeliterhof zur Einkehr an. Gönnen Sie sich bei warmer Witterung eine Auszeit mit gepflegten Speisen und Getränken auf der Terrasse. Bei schlechtem Wetter lockt der stilvoll eingerichtete Gewölbekeller mit seiner edlen und angenehmen Atmosphäre. Mit viel Liebe zu frischen Biozutaten zaubert Marion Hähn Gerichte, die traditionelle und moderne Küche wunderbar vereinen. Und der gelernte Konditormeister Dirk Hähn verwöhnt die Gäste mit Kuchen und Tortenträumen.

KARMELITERHOF · Karmeliterstraße 1 · 56154 Boppard
Telefon.: 06742-4848 · www.karmeliterhof-boppard.de

Stilecht übernachten lässt sich ein Stück weiter flussaufwärts im Schlosshotel Rheinfels. Hoch oben über dem Rhein, auf dem Balkon der kleinen Turmzimmer im Schlosshotel entfaltet sich der ganze Zauber des Mittelrheines. Wie eh und je schlängelt sich der mythische Strom durch das Tal, reflektiert die Strahlen der Sonne, wirft das silbrig funkelnde Licht des Mondes zurück. Winzig erscheinen die Boote und Fahrgastschiffe, die in der Ferne durch das Wasser gleiten. Am anderen Ufer liegt malerisch das historische Städtchen St. Goarshausen. Ein idealer Ort für ein romantisches Rheinwochenende. Im Sommer können Sie auf der Terrasse mit Rheinblick frühstücken und im Anschluss die Burgruine, die sich direkt neben dem Hotel befindet, erkunden.

SCHLOSSHOTEL RHEINFELS · Schloßberg 47 · 56329 St. Goar
Tel.: 06741-8020 · info@schloss-rheinfels.de
www.schloss-rheinfels.de

Nächster Halt im Pflichtprogramm ist natürlich der Felsen der Loreley auf dem gegenüberliegenden Rheinufer. Clemens Brentano

Schlossruine Rheinfels

wars, der im Jahr 1800 mit seinem Gedicht „Zu Bacharach am Rheine" die Gestalt der Lore Lay erfand und damit den Mythos der männerbetörenden Zauberin begründete. Vorher gab es nur einen Schieferfelsen, der sich, damals wie heute 132 Meter über den Fluss erhebt, an einer Stelle, die wegen gefährlicher Strudel und Felsklippen die Schifffahrt bis ins 19. Jahrhundert zu einem gewagten Abenteuer machte.

Unzählige Literaten griffen „das Märchen aus uralten Zeiten" auf, erzählten die Geschichte der mysteriösen Bergfrau Loreley weiter, die hoch oben ihr goldenes Haar kämmte und mit ihren seltsamen Gesängen die Herzen der Männer betörte. Unzählige Schiffer, so geht das Märchen weiter, erbebten vor seeliger Wonne bei ih-

rem Anblick und zerschellten aus Unachtsamkeit an den Felsen. Doch erst die von Heinrich Heine 1823 geschriebene und von Friedrich Silcher 1837 vertonte Liedfassung machte die Figur und den Felsen wetberühmt.

Bevor Sie mit der Fähre, die täglich im 20 Minutentakt zwischen St. Goar und St. Goarshausen pendelt, zum gegenüberliegenden Ufer übersetzen, statten Sie dem Loreleyblick in Urbar und dem 2015 neu eröffneten Ausflugslokal Maria Ruh noch einen Besuch ab. Genießen Sie die Aussicht am besten beim sonntäglichen „Etagerenfrühstück" und einem frisch gerösteten Kaffee, der Spezialität des Hauses. Der anschließende Sonntagsspaziergang auf den Rheinhöhen lässt den Tag bestens starten. Genießen Sie am Sonntag etwas Außergewöhnliches!

LORELEYBLICK MARIA RUH · Loreleystraße 20 · 55430 Urbar
Tel.: 06741-9811599 · Fax: 06741-9816029 · www.maria-ruh.de
Öffnungszeiten: tägl. geöffnet ab 11 Uhr, durchgehend warme Küche bis 21 Uhr, So. 9 – 18 Uhr geöffnet und montags nur Biergarten (SB) geöffnet. Von Januar bis 18. März 2016 geschlossen

Und jetzt ab zur Fähre und das ganze andersrum. Denn den schönsten Blick auf St. Goar und die Burg Rheinfels genießen Sie bei Spaziergängen auf der gegenüberliegenden Rheinseite. Wanderwege gibt es zahlreiche und ausführliche Informationen bietet die Infoseite:

ROMANTISCHER RHEIN TOURISMUS GMBH
An der Königsbach 8 · 56075 Koblenz
Tel.: 0261-9738470 · Fax: 0261-97384714
info@romantischer-rhein.de · www.romantischer-rhein.de

Die Loreley Extratour führt über felsige Pfade und schöne Höhenwege mit traumhaften Panoramen ins ein wenig abseits gelegene Forstbachtal. Und etwas weiter, in Bornich, erwartet diejenigen, die Erholung suchen und Natur und Esel lieben, in Odins Mühle ein kleines Paradies.

Seit 1991 züchten Sylvia Morgenstern und Friedrich Sauerwein auf dem idyllisch gelegenen Anwesen verschiedene, zum Teil vom Aussterben bedrohte Großesel-Rassen, eine wundervoller als die an-

Paradies für Naturliebhaber

Wundervolle Wanderbegleiter

dere. „Es gibt Menschen, die fangen sich früher oder später einen schlimmen Virus ein", warnt Sylvia Morgenstern augenzwinkernd vor einer noch weitgehend unbekannten, aber sich schnell ausbreitenden Krankheit, dem Esel-Virus. „Der lässt sie nicht mehr los", informiert die selbst Infizierte, „bis plötzlich ein Esel auf dem Balkon steht." Gut, das nun vielleicht, nein ganz sicher nicht. Aber Odins Mühle ist genau der richtige Ort, um sich von diesen wundervollen Tieren betören zu lassen. Vor 20 Jahren kaufte das Paar die Mühle. Das ehemalige Backhaus ist zum Mini-Ferienhaus für zwei Personen umgebaut. Besucher genießen die Abgeschiedenheit und Ruhe im Tal, erfreuen sich am Anblick der Tiere, die sie jederzeit auf den Weiden besuchen können, sowie den geführten Eselwanderungen, bei denen man so herrlich entschleunigt. Kenner wissen es übrigens schon länger: Esel sind weder stur noch faul noch dumm, sie rennen nur nicht gleich kopflos davon, wie ihre kapriziösen größeren Verwandten, die Pferde. Esel bleiben erst mal stehen, wenn's brenzlig wird. Überblick verschaffen, Plan machen, weiter geht's, so in etwa lautet die Devise. Dies macht sie zu vielleicht eigensinnigen, aber verlässlichen Begleitern. „Wer einen Esel führen will, der muss mit ihm verhandeln", heißt es. Dahinter verbirgt sich der Charme des Eselwanderns. Probieren Sie es unbedingt einmal aus.

ODINS MÜHLE · Sylvia Morgenstern und Friedrich Sauerwein
Gemeinde Mühle · 56348 Bornich · Tel.: 06771-7073
Fax: 06771-94961 · mail@esel-loreley.de · www.slowtrekking.de
Preise und Termine nach individueller Absprache

DES STROMES HÜTER
Kleine Burgentour

Nirgendwo auf der Welt stehen mehr Burgen auf so engem Raum beisammen wie am Mittelrhein – aber warum eigentlich? Was die Reisenden und Dichter des 19. Jahrhunderts zu Schauplätzen romantischer Geschichten verklärten, zeugte im Mittelalter vom großen Kräftemessen am Rhein. Gegenspieler waren die mächtigen Kurfürsten und Erzbischöfe von Köln, Trier und Mainz, die ab dem 13. Jahrhundert um buchstäblich jeden Ort und Flussmeter kämpften. Kräftig mitgemischt haben außerdem die „Pfalzgrafen bei Rhein", die Wittelsbacher. Sie kauften den klammen Erzbischöfen von Mainz Kaub und andere Orte ab. Es ging um lukrative Zolleinnahmen, Markt- und Münzrechte und um den beträchtlichen Handel auf diesem gefährlichsten Stück Rhein. Auch wenn das Mittelalter längst vergangen ist, die Sagen und Legenden um Ritter und schöne Burgfrauen, um Liebe, Tugend, List und Leidenschaft bestehen weiter fort und es macht Spaß, die alten Schauplätze zu besuchen. In diesem Kapitel stellen wir Ihnen einige vor.

Reinhard Zado

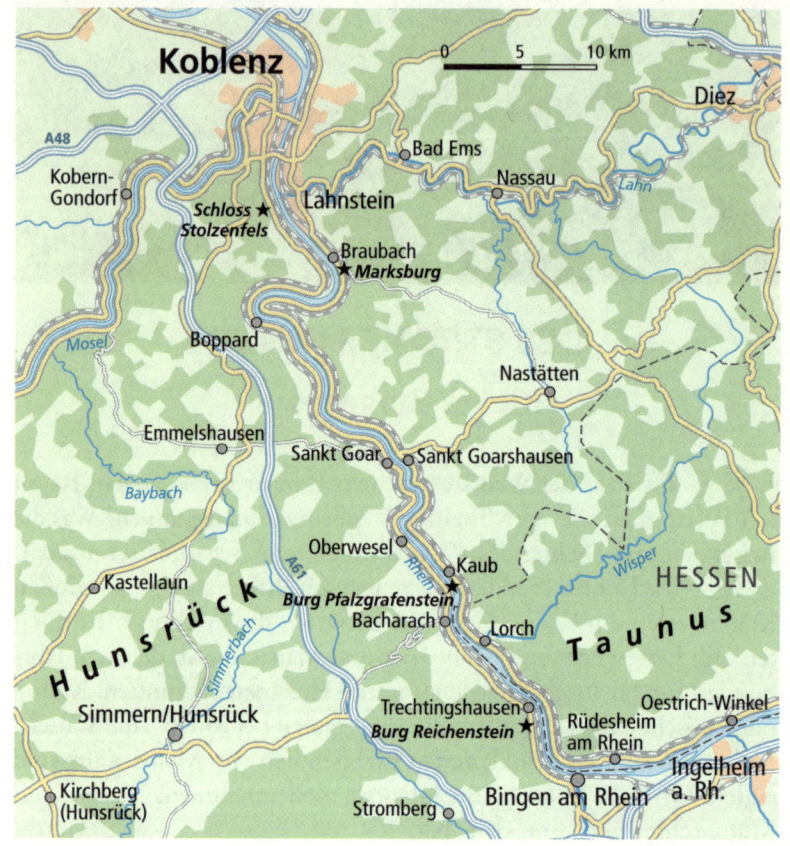

Es gibt heute nur noch zwei Burgen, die nie zerstört wurden und eine davon ist Pfalzgrafenstein bei Kaub. „Mitten im Rhein, vor der Stadt, erhebt sich auf der Wasserfläche ein längliches Gebäude, schmal und von hoher Mauer umgeben, dessen Vorder- und Hinterteil, wie Schnabel und Heck eines Schiffes, in den Wellen stehen. Dieses steinerne Schiff, ewig auf dem Rhein schwimmend und ewig vor der pfalzgräflichen Stadt vor Anker, dieser Palast ist die „Pfalz", schreibt Victor Hugo 1840 in seiner „Rheinreise". Pfalzgrafenstein wurde zwischen 1326 und 1340 durch Ludwig IV. als Zollburg erbaut.

Liegt wie ein Schiff im Wasser: Pfalzgrafenstein

BURG PFALZGRAFENSTEIN · 56349 Kaub · Tel.: 0172-2622800
bsa@gdke.rlp.de · www.dieburgpfalzgrafenstein.de
Öffnungszeiten: Januar bis Februar, Sa. + So. 10 – 17 Uhr März
10 – 17 Uhr · April bis Oktober 10 –18 Uhr November
 Sa. und So. 10 – 17 Uhr Mo. (außer an Feiertagen)
im Dezember und bei Hochwasser geschlossen. Außerdem schließt
die Burg mit Umstellung auf die Winterzeit um 17 Uhr

Agnes von Hohenstaufen soll sich hier mit ihrem Geliebten, dem
Sohn Heinrichs des Löwen, getroffen haben. Der Sage nach war die
Schönheit der jungen Pfalzgräfin weit über die Grenzen des Reiches
hinaus bekannt. Und so reiste Heinrich, Herzog von Sachsen, an
den Rhein, die beiden trafen und verliebten sich. Doch Staufenprin-
zessin und Welfenherzog war zu jener Zeit eine ganz schlechte Kom-
bination, das zumindest fand Agnes Vater und lehnte die Vermäh-
lung ab. Da nutzte ihre Mutter kurzerhand die nächste Dienstreise
ihres Gatten und vermählte die beiden heimlich mithilfe eines ein-
berufenen Priesters. Der Pfalzgraf, nach seiner Rückkehr vor vollen-
dete Tatsachen gestellt, ließ den heiligen Bund zähneknirschend be-

Inbegriff des Mittelalters

stehen, erlegte den frisch Vermählten jedoch die Strafe auf, solange auf der spärlich eingerichteten Burg Pfalzgrafenstein zu verweilen, bis ein männlicher Nachkomme geboren war. Ob dies die Verliebten allerdings als Strafe empfanden, ist nicht überliefert. Angeblich jedenfalls ließ die Geburt eines Sohnes nicht lange auf sich warten.

Auch die Marksburg über Braubach überstand die stürmischen Jahrhunderte am Rhein, was sie heute zum Inbegriff einer perfekten, mittelalterlichen Burg macht. Sie begeisterte einen Japaner so sehr, dass er sie originalgetreu nachbauen ließ. Gärten umziehen die hohen Mauern und der Kräutergarten ist einen Besuch wert. Doch die dicken Mauern bergen noch mehr, eine wunderbare Burgküche, Kemenaten und Weinkeller, eine mit alten Fresken geschmückte Burgkapelle und nicht zuletzt die Folterkammer, wo eiserne Schandmasken noch heute Gänsehaut erzeugen.

MARKSBURG · 56338 Braubach · Tel.: 02627-536 · Fax: 02627-8866 info@deutsche-burgen.org · Ticket- und Souvenirkasse für Burgführungen Tel.: 02627-206

Kein geringerer als Karl Friedrich Schinkel, der berühmte preußische Baumeister, war es, der das nur wenige Kilometer vom Stadtzentrum Koblenz gelegene Schloss Stolzenfels für den Kronprinzen Wilhelm von Preußen wieder aufbaute.

Heute gilt das im 19. Jahrhundert aus den Ruinen einer Burg entstandene Schloss mit seinem Park und den Gärten zu den bemerkenswertesten Leistungen preußischer Rheinromantik. Friedrich Wilhelm hatte sich schon 1815 bei einer Rheinreise regelrecht ins Mittelrheintal vernarrt. In seinem Tagebuch schwärmt er von „all den 1000 alten göttlichen Burgen und Felsen", deren Anblick ihn „matt vor Seligkeit" mache. 1823 schenkte die Stadt Koblenz ihm dann die Ruine Stolzenfels. Der Preuße träumte bald von der Gestaltung einer ganzen Romantiklandschaft zwischen Bingen und Bonn. Von ihm gingen entscheidende Impulse für die entstehende Bewegung aus, die zum Wiederaufbau der ruinösen Mittelalterburgen im Rheintal führte.

Heute wie damals führt der Weg den Besucher über Serpen-

Prunkstück preußischer Rheinromantik

tinen durch eine bewaldete Schlucht, vorbei an einem Wasserfall über eine steinerne Brücke zum Schloss, das mit seinem ockergelben Anstrich, den Springbrunnen und den ummauerten Gärten eine italienisch anmutende Heiterkeit ausstrahlt. Der das Schloss umgebende Landschaftspark ist frei zugänglich. Für die Schlossgärten und das Schloss selber wird Eintritt erhoben.

SCHLOSS STOLZENFELS · 56075 Koblenz
Tel.: 0261-51656 · www.schloss-stolzenfels.de
Öffnungszeiten: Schloss Stolzenfels: Di. – So. 9 – 17 Uhr
Mo. geschlossen, zu besichtigen sind die Gärten und Teilbereiche der historischen Räume (u. a. Rittersäle und Königinwohnung).
Das Haus ist im Dezember durchgängig geschlossen.

Übrigens ist das Schloss auch eine der schönsten Hochzeitslocations am Mittelrhein. Weitere Informationen erhalten Sie bei der

GENERALDIREKTION KULTURELLES ERBE RHEINLAND-PFALZ
Tel.: 0261-66754141 · Ansprechpartnerin für Ortsbesichtigung:
Frau Carmen Butenschön · Tel.: 02620-951366 · Fax: 02620-951367

Auch im Winter eine Reise wert

Burgenromantik

Wer Lust hat, sich mal für ein Wochenende oder auch länger im romantischen Ambiente alter Burgmauern zu verlieren, der kann sich diesen Traum z. B. im Burghotel Reichenstein erfüllen. 21 individuell gestaltete Zimmer bieten eleganten Luxus mit Rheinblick. Auf der Terrasse des dazugehörigen Restaurants Puricelli lassen sich tagsüber schmackhafte, regionale Gerichte und süße Leckereien in lockerer, geselliger Atmosphäre genießen. Am Abend öffnet das Jägerzimmer seine Pforten. Hier steht die moderne Frischeküche in elegantem Ambiente im Fokus. Küchenchef Till Gerwinat kredenzt mit seinem Team authentische, saisonale Speisen – beeinflusst von französischer und deutscher Küche.

BURG REICHENSTEIN · Burgweg 24 · 55413 Trechtingshausen
Tel.: 06721-6117 · Fax: 06721-96 17 96 · www.burg-reichenstein.de

DER WESTERWALD

Mehr als Wind, Wald und Wiesen

4. DER WESTERWALD

Mehr als Wind, Wald und Wiesen

Der Westerwald wird auch als die „grüne Lunge" zwischen den Großstadtregionen Frankfurt und Köln bezeichnet. Vor allem im Sommer, wenn es in den Stadtregionen heiß und stickig wird, lädt der Westerwald – das Land der frischen Winde – zum Durchatmen in der Natur ein.

Die Landschaft des Westerwalds wird durch das vulkanische Hochland des Rheinischen Schiefergebirges geprägt. Auf Höhenlagen zwischen 400 m und 600 m erstrecken sich dichte Wälder und Wiesenlandschaften. Zu den begrenzenden Tälern von Rhein, Sieg, Dill und Lahn fällt der Westerwald mit vielen kleinen glitzernden klaren Bachlandschaften ab und zeigt eine zerklüftete und waldreiche Mittelgebirgslandschaft.

Im Westerwald gibt es aber viel mehr zu entdecken als Wind und Natur. Im Lauf der letzten Jahre hat sich die Region vor allem zu ei-

nem Geheimtipp für Naturliebhaber mit geschichtlichem Interesse entwickelt.

Volkskundler sagen, dass mit dem Begriff Westerwald zunächst Forstgebiete westlich des Königshofes in Herborn erwähnt werden und der Begriff dann erst im Laufe des 19. Jahrhunderts auch auf die gesamte Region – so wie wir sie heute kennen – übertragen wird.

Ursprünglich streifen Kelten und später dann Germanen durch die dichten Wälder. Später entfalten sich die Römer am Rhein und der Limes zieht sich über den Taunus bis weit in den Norden. Auf die Römer folgten die Franken und die Christianisierung vom 11. bis 13. Jahrhundert. Als die weltlichen Grundherrschaften, Nassau, Sayn und Wied, errichtet werden, erhält der Westerwald mit diesen preußischen Strukturen auch eine straff organisierte Verwaltung.

Die Menschen, die dort zu der Zeit leben, haben es allerdings sehr schwer. Sie verelenden und es gibt eine große Auswanderungswelle. Erst nach der großen Hungersnot um die Mitte des 19. Jahrhunderts werden endlich Apfel- und Birnbäume gepflanzt. Der Herzog setzt neue Methoden der Bewirtschaftung durch. Die Menschen, die aus ihrer Heimat kaum je raus- und wenn, nur selten wiederkommen, sind geprägt von dem vielen Hunger und Leid, der harten Arbeit. Sie sind allem Neuen gegenüber wenig aufgeschlossen. Schon Limburg, der Bischofssitz, erscheint weit weg.

Diese Zeit im Westerwald, konkret von 1806 bis 1856 – von der napoleonischen Besatzung über die Freiheitskriege, den Vormärz und die Revolution von 1848, die in schwachen Ausschlägen auch die Täler des Westerwalds erreichte, beschreibt die Schriftstellerin Annegret Held sehr eindringlich in ihrem Roman „Armut ist ein brennend Hemd". Die Westerwälderin hat dafür viele authentische Dokumente ausgegraben und umfangreiche Recherchen betrieben – selbst in England und Australien. Aus diesen Unmengen von Material hat sie eine nicht nur informative, sondern zudem gut lesbare Zeitgeschichte verfasst. Eine sicherlich spannende Einstimmung für einen Besuch im Westerwald, der sich heute natürlich ganz anders präsentiert.

Die gesamte Region ist mittlerweile touristisch gut erschlossen. Der Westerwald offenbart eine landschaftliche und kulturelle Viel-

Erlebnislandschaft Westerwald

Guten Appetit

falt, die immer mehr Menschen begeistert. Ob zu Fuß, per Rad, per Boot, im Sattel zu Pferd oder motorisiert: Für sie alle bietet sich eine Vielzahl von landschaftlichen und kulturellen Erlebnismöglichkeiten.

Besonders für Paare bietet sich ein romantisches Wochenende im Westerwald an. Inmitten der himmlischen Ruhe dieses Landstriches kann man sich eine herrliche Auszeit gönnen, zu zweit zum Beispiel die wunderschönen Täler erkunden, durch die sich kleine klare Flüßchen schlängeln. Oder wie wäre es denn mit einer traumhaften Wanderung auf dem Waldschluchtenweg? Vielleicht entscheiden Sie sich ja auch für eine der 16 Etappen auf dem Westerwald-Steig. Und unterwegs lassen sich in den vielen hübschen Städtchen nostalgische Sehenswürdigkeiten entdecken und die köstliche heimische Küche genießen.

Keine Frage: Im Westerwald wird einiges für Verliebte geboten. Vom Candle-Light-Dinner bis zu einem romantischen Abend in einem Schloss. Oder wie wäre es mit einer zauberhaften Kutschfahrt zu zweit durch den Westerwald? Viele Hotels bieten spezielle Angebote für Paare an, wie zum Beispiel ein entspannendes Verwöhn-Wochenende. Für aktive und unternehmungslustige Kurzurlauber bieten sich die Seen, wie zum Beispiel der Wiesensee, mit ihrem breiten Sportangebot an. Auch Golfplätze, Reiter- sowie Bauernhöfe haben verlockende Angebote für ihre Besucher.

Und kulturell Interessierte werden garantiert staunen, wie reich an Museen, Burgen und Kirchen diese Gegend ist. Und wer sich mit Keramik für zuhause eindecken möchte, ist im Westerwald genau richtig: Das Kannenbäckerland ist weltweit bekannt für die typisch grau-blauen, salzglasierten Krüge und Vasen. Es gibt aber mittlerweile auch eine junge Keramikszene, die mit kreativem Gebrauchsdesign überrascht und schon viele zum spontanen Kauf verführt hat.

Den Westerwald und seine vielfältigen Möglichkeiten zu entdecken, lohnt sich auf jedem Fall. Vielleicht wird das verlängerte Wochenende außerhalb der Großstadt sogar zu einer liebgewonnenen Tradition für ein Paar.

HACHENBURG

Besuch im Herzen des Westerwaldes

Zugegeben, die Anfahrt braucht Zeit, denn Hachenburg liegt mitten im Westerwald und eine gute halbe Stunde fährt man definitiv über Land. Doch das lohnt sich. Das kleine Städtchen überrascht mit einer fast musealen Schönheit und vielen historischen Kleinoden, die sich an einem Wochenende gut besuchen und besichtigen lassen.

Erster Blickfang ist das leuchtend gelbe Schloss, das über den Dächern der Stadt herausragt. Vom Schlossberg aus hat man einen weiten Blick über die Höhen des Westerwaldes und des Siegerlandes bis hin zum Siebengebirge.

Dieser Ausblick und zudem die Tatsache, dass früher einmal in unmittelbarer Nähe die bedeutenden Handelswege Köln-Leipzig und Köln-Frankfurt entlangführten, veranlassten den Grafen Heinrich III. von Sayn um 1200, genau an dieser

Schloss Hachenburg

Stelle eine Burg zu errichten. Die Burg erhielt ihren Namen nach dem 400 Meter hohen Basaltberg, auf dem sie gebaut wurde – Hagenberg.

Georg Friedrich, Burggraf von Kirchberg, ließ die Burg in den Jahren 1717–1746 in ein Barockschloss umbauen. Der weitläufige Gebäudekomplex wechselte im 20. Jahrhundert mehrmals die Besitzer. Seit 1974 ist er im Besitz der Deutschen Bundesbank, die dort eine Hochschule für angehende Führungskräfte eingerichtet hat. Das Schloss kann leider nicht besichtigt werden, aber von dort aus gelangt man in nur wenigen Minuten zum Alten Markt, der „Guten Stube" Hachenburgs.

Hier verleihen die katholische und die evangelische Kirche mit der Friedenslinde von 1871 sowie die vielen zauberhaften historischen Giebelhäuser aus dem 17. und 18 Jahrhundert dem Platz seine Anziehungskraft. Es fällt in dieser „Kulisse" nicht schwer, sich das

Leben am Markplatz in früheren Zeiten vorzustellen: Die vielen Stände der Krämer, die Fleischbänke der Metzger, die Buden der Bäcker, die Spiele der Bänkelsänger und Schausteller, die gefüllten Gasthäuser und dazwischen die vielen Menschen von nah und fern, die an den Markttagen alle nach Hachenburg strömten.

1626 stellte man zusätzlich einen Laufbrunnen auf, der 1702 seine heutige Form mit dem Wahrzeichen der Stadt, dem goldenen Löwen mit dem Hachenburger Wappen in seinen Klauen, erhielt.

Die Geschichte der 700 Jahre alten Stadt lässt sich übrigens perfekt bei einer Führung erleben. Überraschend vielfältig ist dabei die Auswahl, die von der

Der alte Markt im Herzen der Stadt

Stadtverwaltung zu den unterschiedlichsten Themen angeboten wird. Teilweise präsentieren die Stadtführer die besonderen Schönheiten und historischen Hintergründe der Sehenswürdigkeiten in mittelalterlichen Kostümen, so dass die Besucher einen ganz authentischen Einblick in eine längst vergangene Zeit erhalten. Besonders romantisch ist die Nachtführung, bei der die Besucher die Löwenstadt in der Dämmerung mittels Laternen entdecken.

Und ganz besonders lecker ist die Schlemmer-Stadtführung: Eine Stadtführung, die nicht nur mit Zahlen und Fakten glänzt, sondern auch mit besonderen Hachenburger Spezialitäten. Ein sinnliches Geschichtserlebnis. Das besondere daran: Es wird innerhalb von rund 3,5 Stunden ein 3-Gänge-Menü angeboten.

Wer sich entscheidet, in diesem zauberhaften barocken Städtchen zu heiraten, der kann die Lücke zwischen der standesamtlichen und kirchlichen Trauung bis zum Kaffeetrinken oder Essen mit einer spezielle Stadtführung überbrücken. Der Stadtführer erzählt dann ausschweifend die spannende Geschichte rund um die Liebesheirat des Grafen.

Die Führungen können über die Touristik Information gebucht werden. Dort gibt es aber auch eine aussagekräftige Broschüre, die als kleiner Stadtführer dient und mit der man Hachenburg auch gut alleine erkunden kann.

Dort gibt es auch Tipps für verschiedenste Wanderungen und Radtouren, nicht nur rund um das mittelalterliche Hachenburg, sondern auch gerade für die landschaftlich reizvollen Gebiete der Kroppacher Schweiz, der Westerwälder Seenplatte sowie dem Oberen Wiedtal. Routenvorschläge vom zweistündigen Spaziergang bis hin zur Tageswanderung sind mit ausführlichen Wegbeschreibungen, Hinweisen auf Sehenswürdigkeiten und Einkehrmöglichkeiten sowie handlichem Kartenmaterial bei der Tourist-Information, die sich im historischen Rathaus befindet, kostenlos erhältlich.

Lebendige Stadtgeschichte

TOURIST-INFORMATION HACHENBURGER WESTERWALD
Perlengasse 2 · 57627 Hachenburg · Tel.: 02662-958339
touristeninformation@hachenburg.de
www.hachenburger-westerwald.de

Im gesamten Altstadtkern gibt es überall kleine romantisch anmutende Plätze und ganz wunderbare individuelle Läden, die den
üblichen Ein-Euro-Läden in anderen Städten trotzen. Und auch
wenn es im hohen Westerwald etwas kühler sein mag als ein Stück-
chen weiter südlich, so stellen doch alle Restaurants und Cafés beim
ersten Sonnenstrahl ihre Tische und Stühle ins Freie. Und schon
entsteht eine mediterrane Atmosphäre, als wäre der Alte Markt eine
italienische Piazza.

Mitten in der Altstadt befindet sich auch ein kleines hinreißendes
Boutiquehotel, ein echtes Deko-Wunder mit einzigartigem Charme
und intimem Ambiente. Ange-
regt vom Besuch eines kleinen
Boutique-Hotels in Buenos
Aires – auf einer Urlaubsreise in
Argentinien – entschloss sich
Ursula Schneider selbst ein sol-
ches Hotel in Deutschland zu
eröffnen. Bei der Einrichtung
kommt ihre Liebe zu Frankreich zum tragen.

Das Hotel befindet sich in einem wunderschönen Fachwerk-
haus – übrigens direkt neben einem charmanten kleinen Café –
und bietet vier liebevoll eingerichtete Zimmer.

Ein kleiner gemütlicher Sa-
lon lädt die Gäste zum Verweilen ein und in der Wohnküche
gibt es ein leckeres Frühstück an

Französches Flair im Boutiquehotel

einem Holztisch, wo sich alle Gäste gemeinsam einfinden und gleich auch kennenlernen und austauschen können.

Eine Besonderheit: Frau Schneider nimmt das „Boutique" im Hotelnamen wörtlich, denn viele der dekorierten Accessoires können direkt käuflich erworben werden, zum Beispiel handgesiedete Seifen, Badesalzkreationen und Körperpuder. Es gibt aber auch wunderschöne Ballkleider, Tanzkleider, liebevolle Accessoires und kleine Mitbringsel.

In der nahe gelegenen ehemaligen Wassermühle in Gehlert, die zum Boutiquehotel gehört, finden sich zauberhafte Ferienwohnungen für alle, die lieber etwas abseits wohnen und mehr Intimsphäre wünschen. Hier gibt es eine 140 qm große Ferienwohnung und ein Appartement. Man kann aber auch das ganze Haus anmieten für bis zu 10 Personen.

Das historische Ambiente der alten Mühle, die von einem prachtvollen Garten umgeben ist, steht im reizvollen Kontrast zu den mit modernen Elementen ausgestatteten Räumen.

Im Sommer ist das Gartencafé an der Mühle geöffnet, wo leckerer hausgebackener Kuchen angeboten wird. Alte Kuchenrezepte von der

Ferienwohnungen in einer ehemaligen Wassermühle

Mutter von Ursula Schneider: Nusskuchen mit Stachelbeeren oder Kirschen und Mandelkuchen mit Holunderblütengelee. Im Winter kann man sich gemütlich am Kachelofen in der großen Ferienwohnung einkuscheln, ein gutes Buch lesen und herrlich entspannen.

BOUTIQUEHOTEL N° 14 /LE PETIT AVANTGARDE
Mühlenweg 3 · 57627 Gehlert · Tel.: 02662-1789
Mobil: 0171-6718604 · info@lepetitavantgarde.de

Im Sommer lockt eine Konzertreihe die Besucher zum Alten Markt. Das Konzept lautet: Livemusik für alle bei freiem Eintritt. Von Anfang Juli bis Ende August kommen jeden Donnerstagabend Jung und Alt zusammen, um miteinander zu reden, tanzen, singen, die Musik zu genießen. Das Programm ist abwechslungsreich, unkon-

Kultur im Burggarten

ventionell und hochwertig: von Weltmusik und A-cappella über Jazz, Soul, Rock, Reggae, Indie-Pop bis hin zu Swing.

Die Konzerte finden im Burggarten statt, einem wunderschönen Naturareal direkt neben dem Hachenburger Schloss. Einst dem Adel vorbehalten, ist der romantische Burggarten in unseren Tagen eine kleine Wohlfühloase: Beeindruckende alte Bäume säumen die verträumten Wege, Kunstwerke regen die Fantasie an und die Minigolfanlage am Nordhang sowie der ansprechende Kinderspielplatz sorgen für vergnügliche Stunden für die ganze Familie.

HACHENBURGER KULTURZEIT · Perlengasse 2 · 57627 Hachenburg
Tel.: 02662-958336 · Fax: 02662-958357
kontakt@hachenburger-kulturzeit.de · www.hachenburger-kulturzeit.de
Treffpunkt Alter Markt · Anfang Juli bis Ende August, Do. ab 19:15 Uhr
im Burggarten Hachenburg (untere Wiese) – EINTRITT FREI!!!

Darf es noch mehr Kulturprogramm sein? Dann empfiehlt sich der Besuch des Landschaftsmuseums Westerwald. Im östlichen Teil des Burggartens eingebettet, befindet sich das Museumsdorf mit acht liebevoll arrangierten historischen Häusern, die vom schweren Alltag und den Traditionen der einfacheren Westerwälder Bevölkerung erzählen, wie es bis um 1960 üblich war. Zu den Häusern gehören eine Schule aus Obermörsbach inklusive einer komplett im Stil des 19. Jahrhunderts eingerichteten Schulstube sowie eine Scheune aus Sainscheid, ein Mühlenwohnhaus, eine historische Ölmühle aus Frickhofen und ein Backhaus.

Gerade mal vier Kilometer von Hachenburg entfernt, befindet sich traumhaft gelegen in einem kleinen Tal der Klosterort Marienstatt. Der Abstecher lohnt sich auf jedem Fall, die Natur dort rund um das Kloster ist beeindruckend. Der dichte Westerwald trifft auf die sprudelnde kleine Nister mit ihrem glasklaren Wasserlauf. Und egal ob ein kleiner Spaziergang oder eine ausdauernde Wanderung – diese Westerwaldregion begeistert garantiert alle Naturliebhaber. Die Spazier- und Wanderwege sind gut markiert und zu jeder Jahreszeit ein ganz besonderes Erlebnis.

Zisterzienserabtei Marienstatt

Der Klosterort Marienstatt umfasst die Abtei selbst, eine frühgotische Basilika mit der größten Orgel im Westerwald, eine Bibliothek, ein Brauhaus mit Restaurant, eine Buch- und Kunsthandlung, ein Gästehaus sowie ein Gymnasium in privater Trägerschaft.

Bereits 1222 begonnen, bauten die Mönche über 200 Jahre an ihrer Kirche, bis sie dann 1425 vollendet war. Die Kirche hat ein dreischiffiges, siebenjochiges Langhaus, an das sich ein Querhaus und ein runder Chor mit Chorumgang anschließt. Getreu der zisterziensischen Idee ist sie sehr schlicht gehalten, hat nur einen Dachreiter anstatt Türme und ist außen nicht farbig gestaltet.

Die große Rieger-Orgel wurde 1970 eingeweiht und steht wie vielfach auch in Spanien und süddeutschen Klöstern über den Stallen des Chorgestühls und begleitet täglich das Chorgebet der Mönchsgemeinschaft sowie den Gemeindegesang. Die Orgel ist einfach und klassisch symmetrisch aufgebaut und lebt ganz aus dem gotischen Raumgefüge heraus. Das Gehäuse ist wie das alte Chorgestühl aus massiver Eiche gefertigt. Liebhaber von Orgelkonzerten sollten hier unbedingt einen Gottesdienst oder sogat mal ein Orgelkonzert besuchen.

Und wenn Sie nach der Wanderung oder einem schönen Gottesdienst Appetit bekommen haben, dann ist das Kloster-Brauhaus die perfekte Adresse. Die Gasträume sind in verschiedene Stuben aufgeteilt und urgemütlich.

Das Marienstatter Klosterbräu wird von den Mönchen selbst gebraut und ist ein dunk-

Marienstatter Brauhaus

les, untergäriges und naturtrübes Landbier. Die charakteristische tiefbraune Farbe erhält das Bier durch eine besondere Malzmischung, die ihm zugleich einen etwas stärkeren unverwechselbar malzigen Geschmack verleiht. Das Bier kann auch für den weiteren Genuss zuhause erworben werden: In einer nostalgischen 1 Liter Flasche für 9,90 Euro (frisch abgefüllt – allerdings nur auf Vorbestellung).

Das Essen in dem Brauhaus ist köstlich und vielseitig. Spezialität des Hauses sind die deftigen Gerichte, wie zum Beispiel die „Wäller

Köstliche Entspannung

Brotzeit" (Spanferkelsülze, Wurstsalat, Westerwälder Knochenschin-
ken, Käse und Wurst, hauseingelegte Gurken, frischer Rettich, Brau-
hausbrot und Butter) oder der „Ofenfrische Schweinsbraten aus der
Schulter an dunkler Brauhausbiersoße mit Krautsalat und Kartoffel-
kloß". Aber auch die vegetarischen Gerichte wie der „Spinat-Sem-
melkloß mit Waldpilzen in Nussbutter" oder der „Pilgereintopf"
(Gemüse aus dem Klostergarten) sind einfach delikat und erfreuen
Leib und Seele.

MARIENSTATTER BRAUHAUS · 57629 Marienstatt
Tel.: 02662-9535300 · brauhaus@abtei-marienstatt.de

Vielleicht ist die Atmosphäre im Kloster ja sogar so inspirierend,
dass man gerne noch länger verweilen würde? Kein Problem. Die
Mönche bieten Besuchern die Möglichkeit, als Gast einige Tage mit
ihnen im Kloster zu leben. Und auf Wunsch auch an den Gottes-
diensten der Gemeinschaft teilzunehmen. Natürlich bedeutet eine

Einkehr im Kloster keinen üblichen Urlaub. Aber vielleicht öffnen sich hinter den alten Mauern ganz neue Freiräume. Gerade heutzutage, wo die Stille ein rar gewordenes Gut ist und die Scheidungsrate sich immer weiter nach oben korrigiert, dauernde Veränderung als neue Tugend erscheint, wächst die Sehnsucht nach Beständigkeit. Wie heilsam kann da auch gerade für ein Paar der Besuch in einem Kloster und die Teilnahme an einer klösterlichen Ordnung sein. In der Stille und dem klar strukturierten Tagesablauf findet sich viel Zeit um nachzudenken, aufzutanken, loszulassen und sich ganz neu zu begegnen und ineinander zu verlieben.

GÄSTEHAUS MARIENSTATT · 57629 Marienstatt
Tel.: 02662-95350 · gast@abtei-marienstatt.de

Reinhard Zado

TÄLER & HÖHEN

Die Mosel und
der Hunsrück

5. TÄLER & HÖHEN

Die Mosel und der Hunsrück

Die Mosel entspringt in den südlichen Vogesen auf 715 m Höhe nahe dem Col de Bussang und mündet nach 544 km in Koblenz am Deutschen Eck in den Rhein. Eigentlich beträgt die Strecke Luftlinie nur 278 Kilometer, doch mit seinem mäandernden, sich tief in das rheinische Schiefergebirge schneidende Flusslauf, verschafft sich die Mosel ein wenig Extralänge und der Region viele romantische Ausflugsziele. Extrem steile Hanglagen, abenteuerliche Windungen sowie die zahlreichen Burgen und Ruinen, die die Moselhöhen zieren, prägen das Bild dieser Landschaft.

Während sich entlang der Moselufer romantische Ortschaften und steile Weinberge abwechseln, eröffnen die weiten Landschaften der Hunsrück-Höhen wundervolle Fernsichten, die sich auf einem der schönsten Fernwanderwege Europas, dem Saar-Hunsrück-Steig, zünftig erwandern lassen.

Tiefe Wälder, weite Höhen, farbenfroh leuchtende Klatschmohnfelder und tief eingeschnittene Bachtäler prägen das Landschaftsbild

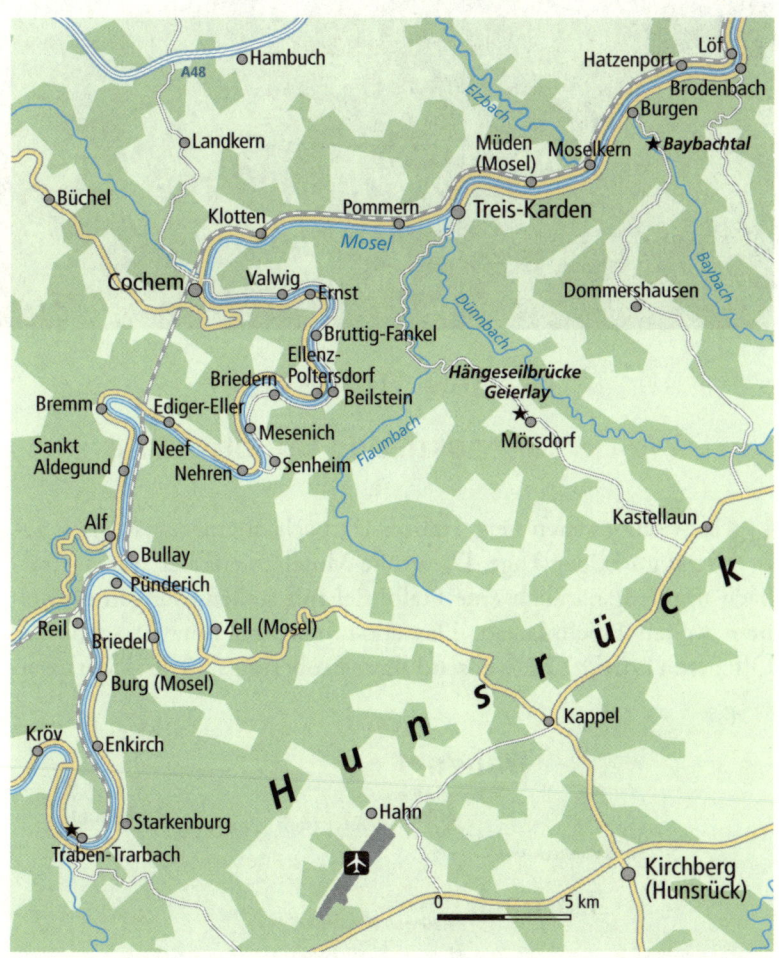

im südwestlichsten Teil des Rheinischen Schiefergebirges. Naturliebhaber finden in der Region eine artenreiche Tier- und Pflanzen-
welt, in der auch seltene Tierarten wie Wildkatze, Dachs oder Eisvo-
gel leben. Mit dem 2005 gegründeten Naturpark Soonwald-Nahe
und dem Naturpark Saar-Hunsrück gibt es zwei großräumige
Schutzgebiete, die zum aktiven Naturerlebnis einladen. Für Wanderer ist der Hunsrück ein wahres Paradies.

TRABEN-TRARBACH

Wo der Jugendstil den Buddha küsst

Historisch gesehen liegt Traben-Trarbach in einer strategisch äußerst günstigen Lage. Die große Moselschleife bei Traben-Trarbach umfließt nämlich eine Halbinsel mit steilen Hängen und einem weiten Hochplateau. Das erkannten und nutzten schon die Offiziere Ludwig XIV. während ihrer Eroberungskriege in der zwei-

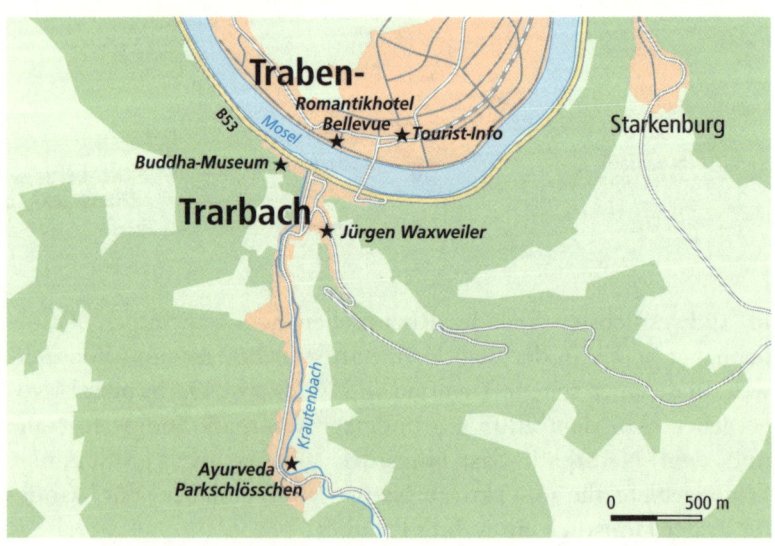

ten Hälfte des 18. Jahrhunderts, als der Sonnenkönig die Ostgrenze Frankreichs bis zum Rhein vorverlegen wollte. Und so errichteten sie auf dem „mont royal" ein gewaltiges, modernes Festungswerk. Bereits die Zitadelle umfasste 50 Hektar und war mit 115 Geschützen bestückt. Der Bau belastete die französische Staatskasse durch die gewaltigen Kosten und stand dann doch nur wenige Jahre. Frankreich hatte sich mittlerweile ganz Europa durch seine regide Eroberungspolitik zum Gegner gemacht, musste letztendlich auf die rheinischen Gebiete verzichten und die noch unvollendete Festung Montroyal wieder zerstören.

Heute führen viele Wege nach Traben-Trarbach. Man nähert sich dem Juwel unter den Moseldörfern vom Rhein her flussaufwärts, von Luxemburg/Trier flussabwärts, vom Norden her über die Höhen der Eifel und südlich vom Hunsrück schlängeln sich Serpentinenstraßen ins Moseltal hinunter. Vielfältig sind auch die Reisearten: Romantisch mit dem Passagierschiff, sportlich mit dem Kanu oder Fahrrad, etwas konventioneller geht es mit der Moseltalbahn und natürlich über gut ausgebaute Straßen mit dem Auto. Doch heute wie damals ist die Anreise über das Wasser sicherlich die Schönste, denn da begegnet man der wunderschönen „Frontline" des Städtchen am allerbesten. Aber Hauptsache, man besucht dieses kleine Juwel überhaupt – wenigstens einmal im Leben. Schon Goethe sagte: „Man reist nicht nur um anzukommen, sondern vor allem um unterwegs zu sein" – und der Weg nach Traben-Trarbach zeigt genau, was er damit gemeint hat.

Die Stadt Traben-Trarbach besteht eigentlich aus zwei Stadtteilen, wobei eine Brücke die Stadtteile Traben und Trarbach verbindet. Das Brückentor von Traben-Trarbach an der Mosel ist das Wahrzeichen der Stadt und steht am südlichen Ufer der dortigen Moselbrücke. Nach Plänen von Bruno Möhring, einem der führenden Architekten des Jugendstils, errichtet, zeigt es verschiedene historistische

Willkommen in Traben-Trarbach

Elemente, wobei aber Jugendstilmerkmale überwiegen. Wie dieser Berliner Stararchitekt ausgerechnet hierher an die Mosel gelockt wurde – dazu später mehr. Das Tor besteht aus drei Bauteilen. Das erste ist der Hauptturm, dem sich eine kleine Spitzbogenpforte mit flankierender Ziersäule anschließt. Dann gibt es den die Straße überspannenden Mittelteil mit Torbogen, dem sich der dritte Bauteil des Tores, ein kleiner Nebenturm, anschließt.

Aber auch die Kurzurlauber, die sich der Moselstadt über die B53 aus Richtung Trier nähern, erleben eine besondere künstlerische Begrüßung: Die gigantische Doppelkopfsäule am Ortseingang von Trarbach, die die Einheit der beiden Stadtteile Traben und Trarbach symbolisiert, ist nicht zu übersehen. Geschaffen hat sie Jürgen Waxweiler, ein einheimischer Künstler, der weit über Traben-Trarbach bekannt ist. Seine Werke sind mittlerweile überall in Deutschland zu finden.

Jürgen Waxweiler hat auch sein Atelier und einen beeindruckenden Skulpturengarten in Trarbach, wo seine imposanten Köpfe und Porträts aus Holz, Stein, Beton und Bronze entstehen. Ein Besuch ist absolut empfehlenswert. Der Skulpturengarten ist jederzeit nach Absprache zu besichtigen.

Eine kunstvolle Begrüßung für die Besucher – Skulptur von Jürgen Waxweiler auf der Verkehrsinsel

Traben-Trarbach – eine wunderschöne Kulisse

JÜRGEN WAXWEILER | BILDHAUER
Schottstraße 20 · 56841 Traben-Trarbach · Tel.: 06541-3679
WaxweilerSkulpturen@web.de · www.waxweilerskulpturen.de

Traben-Trarbach ist kulturell, landschaftlich und geschichtlich der Treffpunkt an der Mosel. Um 1900 war das Moselstädtchen, das aus den beiden Stadtteilen Traben und Trarbach besteht, neben Bordeaux die zweitgrößte Weinhandelsmetropole der Welt! Über 100 Kellereien und Weinhandlungen hatten hier ihren Sitz. Und das bedeutete Wohlstand. Also wohin mit dem Geld? Die Traben-Trarbacher hatten eine Idee und leisteten sich den „Stararchitekten" Bruno Möhring aus Berlin. Er war der Protagonist einer neuen Stilrichtung, die sich um die Jahrhundertwende rasant in Europa ausbreitete: der Jugendstil. Möhring errichtete hier weitläufige Kelleranlagen und repräsentative Villen im Jugendstil, die bis heute dem Städtchen eine Kulisse geben, die ihresgleichen sucht.

Herausragend ist z. B. Villa Breucker: Das Haus wurde von Möhring erbaut und 1905 fertiggestellt. Es ist ein kubisch verschachtelter Bau, bei dem der Architekt mit fernöstlichen Motiven spielt.

Oder das Hotel Bellevue: Möhring setzte hier den Moselwinzern, die ihn während des Baus reichlich mit gutem Wein versorgten, ein Denkmal in Form einer Sektflasche. Äußerlich kennzeichnende Teile oder Elemente des Jugendstils sind dekorativ geschwungene Linien sowie flächenhafte florale Ornamente und das Fehlen von Symmetrien. Mit dem Jugendstil verbinden sich zahlreiche künstlerische Programme und Manifeste. So wurde mit dem Jugendstil auch die Forderung nach der großen Verschmelzung von „Kunst und Leben" verknüpft, der Wiedereinbeziehung der Kunst in das Alltägliche, im Sinne einer umfassenden künstlerischen Neugestaltung aller alltäglichen Dinge. Zur Programmatik des Jugendstils gehörte aber auch die Forderung nach Funktionalität. Die Funktionen eines Gebäudes sollten auch in der Gestaltung sichtbar werden.

Das historische Hotel mit großzügigem Beauty- und Wellnessbereich, direkt an der Mosel gelegen, ist eine ganz wunderbare Adresse für ein erholsames Wochenende für Körper, Geist und Seele. Hier erleben Sie die „Belle Epoque" hautnah und wohnen dort, wo damals schon berühmte Zeitgenossen des frühen 20. Jahrhunderts wie Freiherr von Richthofen, Graf von Anhalt, Baron von Thyssen und

Hotel Bellevue

Heinz Rühmann ständige Gäste waren. Für alle, die nicht übernachten wollen und trotzdem mal im Flair der damaligen Zeit schwelgen wollen, empfehlen wir einen kurzen Abstecher in die Hotelbar. Im Ambiente des Pariser Jugendstils schmeckt der Aperitif, ebenso wie Digestiv, der perfekt gemixte Cocktail oder auch das ganz einfache Bierchen garantiert dreimal so gut.

ROMANTIK JUGENDSTILHOTEL BELLEVUE · An der Mosel 11
56841 Traben-Trarbach · Tel.: 06541-7030 · Fax: 06541-703400
info@bellevue-hotel.de · www.bellevue-hotel.de

Eine Jugendstil-Führung durch Traben-Trarbach ist unbedingt empfehlenswert und hat noch viel mehr zu bieten als die ganz offensichtlichen Gebäude wie das Romantik Jugendstilhotel „Bellevue", die Villa Huesgen, die Villa Nollen (früher Villa Breucker) und das Brückentor an der Moselbrücke in Trarbach. Zum Beispiel auch die Kellerei Julius Kayser und die beeindruckenden Wand- und Deckenfliesen im Geschäft Brückenstraße 2.

Die Jugendstilführung „Auf den Spuren der Belle Epoque" findet jeden ersten Sonntag im Monat um 11 Uhr statt. Treffpunkt ist an der Tourist-Information Traben-Trarbach. Am besten vorab buchen unter:

TOURIST-INFORMATION TRABEN-TRARBACH
Am Bahnhof 5 · 56841 Traben-Trarbach · Tel.: 06541-83980
info@traben-trarbach.de · www.traben-trarbach.de

Im Zuge der überaus erfolgreichen Vermarktung des Moselweins wurden in der zweiten Hälfte des 19. Jahrhunderts große Flächen des Stadtkerns unterkellert. Ein Labyrinth aus zum Teil mehrstöckigen und über hundert Meter langen Gewölben durchzieht die Unterwelt des Moselstädtchens.

Eine Führung durch unterirdisch-mystische Halbdunkel ist eine spannende Entdeckung der Geschichte des historischen Weinbaus für Kinder und Erwachsene – wer möchte, kann sich diese besonde-

Die Traben-Trarbacher Unterwelt – ein echtes Abenteuer

re Erfahrung auch schmecken lassen mit einer historischen Weinprobe.

Für Kinder gibt es unter dem Motto: „Mit Spürsinn, Stift und Zeichenblatt…" aktive Entdeckungsgänge, bei denen sie die ober- und unterirdischen Attraktionen in einem „Erkundungsheft" aufs Papier bringen können. Ebenfalls alles buchbar über die Tourist-Information Traben-Trarbach.

Beim Rundgang durch Traben-Trarbach könnte man meinen, Jugendstil und Weinbau dominieren hier fast alles. Doch seit ein paar Jahren kann die Moselgemeinde mit einem Superlativ „protzen", der weltweit einmalig ist. Der Weg zu dieser Erkenntnis führt – wie kann es anders sein – wieder über die Themen Wein und Jugendstil zum Ziel: Das Gebäude der alten Weinkellerei Julius Keyser ist schönster Jugendstil. Originale Bacchusköpfe zieren noch heute die alten Weinhähne im unterirdischen Kellergewölbe. Der Mainzer Geschäftsmann Wolfgang Preuß kaufte im Jahr 2000 die Weinkellerei und sanierte das Gebäude für mehrere Millionen Euro. 50.000 Arbeitsstunden, 15 Kilometer Kabel, 1.300 Quadratmeter Bambusparkett und 71 Tonnen Naturstein wurden darin verbaut. Jetzt steht

Buddha an der Mosel

auf 4.000 Quadratmetern seine private Buddha-Sammlung. Über 2.000 „Erwachte" in allen Größen, Materialien, Farben und Formen ziehen die Besucher in ihren Bann. Die Buddha-Statuen aus allen Epochen kommen aus Indien, Burma, China, Kambodscha, Laos, Thailand, Tibet und Japan.

Der Rundgang durch die restaurierte Weinkellerei mit den besinnlichen Sitzecken, den edlen Naturmaterialien und ausladenden Gewölben, begleitet von dezenten Mantragebeten, ist meditativ. In diesem Weinkeller spürt man, und das ist ganz im Sinne von Wolfgang Preuß, dass es um das Spirituelle geht. Und so kam Buddha an die Mosel und Traben-Trarbach wurde zu einer Attraktion, die immer mehr Menschen und sogar Mönche aus der buddhistischen Welt fasziniert.

BUDDHA-MUSEUM · Bruno Möhring Platz 1 · 56841 Traben-Trarbach
Tel.: 06541-8165180 · www.buddha-museum.de

Wer Buddha sagt, meint möglicherweise auch Ayurveda. Und unweit des Museums befindet sich für alle, die sich diesen fernöstlichen

Lebensweisen und Weisheiten öffnen, ein weiterer spiritueller Ort: das Ayurveda Parkschlösschen, der Inbegriff für authentische und medizinische Ayurvedakuren in Europa. Hier gibt es individuelle Kuren und Programme nach traditionellen ayurvedischen Verfahren, man kann entgiften, sich ganzheitlich ernähren und so neue Lebensenergie und hoffentlich das eigene Gleichgewicht wiederherstellen.

Die gemeinsamen Wurzeln des Buddhismus und der ayurvedischen Medizin liegen in Indien. Während sich der Buddhismus als eine der großen Weltreligionen primär den mental-spirituellen Aspekten und dem Glauben widmet, fokussiert sich die ganzheitliche Lebensphilosophie des Ayurveda auf körperliche und geistige Gesundheit. Das Fünfsternehotel bietet Wellness, fernöstliche Heilungskultur und kulinarische Highlights auf höchstem Niveau.

AYURVEDA PARKSCHLÖSSCHEN
Wildbadstraße 201 · 56841 Traben-Trarbach · Tel.: 06541-7050
Fax: 06541-705120 · info@parkschloesschen.de

Doch nicht nur Buddha-Begeisterte pilgern nach Traben–Trarbach, auch viele Christen, die auf dem Camino, also dem Jakobsweg zwischen Koblenz und Trier unterwegs sind, machen eine Rast, eine Station in Traben-Trarbach. Noch einmal Goethe zitierend „die beste Bildung findet ein gescheiter Mensch auf Reisen" bietet eine historische Bildungsstätte dem einfachen Reisenden eine Unterkunft: die „Alte Lateinschule" im Stadtteil Trarbach. Das Haus hat eine besondere Archi-

Pilgerherberge „Alte Lateinschule"

tektur und Geschichte. 1573 wurde der massive Giebelbau mit seinem achtseitigen Treppenturm neben der evangelischen Kirche erbaut. Bis 1815 beherbergte es die erste höhere Schule im Moseltal zwischen Trier und Koblenz. Inzwischen können dort Wanderer in einer Pilgerherberge einkehren und übernachten.

Ulrike Böcking aus Traben-Trarbach hatte die Idee, aus dem Haus eine (Pilger)herberge zu machen. Vor ein paar Jahren war sie auf Wohnungssuche und erinnerte sich an die leerstehende Lateinschule und baute sie dann gleich auch für Gäste um und aus. Es müssen jedoch keine klassischen Pilger sein, auch andere Reisende dürfen den besonderen Charme der alten Schulstätte genießen und das zu unglaublich günstigen Bedingungen. Die Gäste können bei entsprechendem Wetter auch den Garten benutzen, sich gegenseitig kennenlernen und austauschen – ein unglaublich idyllischer Ort mit Blick auf die Stadt, die Weinberge und die Burgruine Grevenburg.

Ein traumhafter Ausblick auf Traben-Trarbach

Mühlenleben im Traumschleifenland

Wandern und Hunsrück, das gehört einfach zusammen und dank eines hervorragend ausgebauten Wanderwegenetzes kann man dieser ursprünglichsten aller Fortbewegungen hier ausgiebig nachgehen. Zwischen Mosel, Saar, Nahe und Rhein liegt nämlich die sogenannte „Traumschleifenregion", und in der kann man auf sage und schreibe 111 offiziell zertifizierten Premiumwanderwegen ganz sicher sein, dass man aber auch wirklich und garantiert die schönsten Strecken abwandert.

„Premiumwandern" auf „zertifizierten Pfaden", ist das nicht ein wenig, nein reichlich über-

Premiumwandern auf Traumschleifenpfaden

kandidelt, mag sich der ein oder die andere jetzt vielleicht fragen. Wenn man dann noch, wie auf der Seite des Projektbüros Saar-Hunsrück-Steig (stimmt, den gibt es auch und über den reden wir auch gleich noch) nachzulesen, erfährt, dass das „Deutsche Wanderinstitut" die Wege auf „Unverlaufbarkeit", auf „hohe Erlebnisdichte" und „natürliche Wegeformate" hin prüft und zertifiziert, dann kommt man nicht umhin, über so viel deutsches Bürokratentum und Behördensprech ein wenig zu schmunzeln. Damit wollen wir uns aber gar nicht aufhalten, denn tatsächlich gehören diese sorgfältig und mit viel Liebe und Sinn und Verstand zusammengestellten Touren zu den besten Wanderwegen, die es gibt. Und natürlich kennt jeder Wanderer schlecht ausgeschilderte, also sozusagen total „verlaufbare" Wege und weiß es außerdem zu schätzen, wenn die Tour die garantiert schönste Strecke entlang der landschaftlichen Höhepunkte nimmt. So machts dann nämlich wirklich Spaß!

Die Traumschleifen sind allesamt Rundwanderwege mit einer Länge von einem halben oder auch ganzen Tag. Man steigt auf ihnen hinab in die wilden Hunsrücktäler, hinunter zur Mosel und hinüber zum Rhein. Den roten Faden durch das Wanderrevier bildet der

Highlights entlang der Strecke

Saar-Hunsrück-Steig. Der Leitwanderweg startet im Moselwein-städtchen Perl am Dreiländer-Eck, führt über die Saarschleife und die Cloef nach Trier und über Hermeskeil und Idar-Oberstein bis Boppard am Rhein. Seine 410 Kilometer gehören zu den schönsten europäischen Fernwanderwegen.

Die Wanderetappen und auch die Traumschleifen kann man über das sehr benutzerfreundliche Portal www.saar-hunsrueck-steig.de sehr

komfortabel planen. Die Seite und auch das Büro gibt ausführliche Tipps und Infos zur Streckenplanung, zur Anreise, Einkehr und Übernachtung.

PROJEKTBÜRO SAAR-HUNSRÜCK-STEIG
Zum Stausee 198 · 66679 Lohsheim am See
Tel.: 06872-9018100 · info@saar-hunsrück-steig.de

Seit Oktober 2015 ist die Region außerdem um eine Attraktion reicher. 360 Meter lang und 100 Meter über Grund führt Deutschlands längste Hängebrücke Schwindelfreie und Abenteuerlustige über das Mörsdorfer Bachtal zwischen den Gemeinden Sosberg und Mörsdorf. Mehr als 250.000 Besucher haben sich auf dieses wackelige Abenteuer bereits eingelassen.

Nach dem Vorbild Nepalesischer Hängeseilbrücken schwingt sich die „Geierlay-Hängeseilbrücke" von einem Brückenkopf zum anderen. Weitere Infos und Details unter www.geierlay.de

Doch zurück zu den Traumschleifen und der Tour, die wir uns ausgesucht haben. Diese ist Höhen- und Klammwanderung in ei-

Schwindelerregend hoch und nichts für schwache Nerven

Idyllischer geht's nicht: eine Mühle im Tal

nem und führt in das wildromantische Baybachtal, das sich eng und wild in den Hunsrückschiefer gegraben hat. Mitten im Tal liegt außerdem die Schmausemühle, in der man in herrlicher Abgeschiedenheit ganz wunderbar ein paar Tage Urlaub vom Alltag nehmen kann.

„Schnuckelig" ist ein Wort, das Elke Dieler gerne gebraucht. Und schnuckelig ist auch genau das Wort, das einem beim Anblick der Schmausemühle in den Sinn kommt. Die Vorfahren der Inhaberin siedelten sich vor fast 400 Jahren an diesem verwunschenen Ort an: ein tiefes Bachtal, in dem Orchideen wachsen, Farne und Knabenkraut am Wasser stehen, mit steilen, glatten Felswänden und dicht bewachsenen Ufern zu beiden Seiten. 1926 stellte die Mühle ihren Malbetrieb ein und wurde zur Gartenwirtschaft umgebaut. Wild aus den umliegenden Wäldern, fangfrische Forellen, Schinkenbraten und selbstgebackenes Brot aus einem alten Steinbackofen sind die Spezialitäten der Küche. Außerdem warten 10 wirklich schnuckelige Doppelzimmer auf ihre Gäste, ein Doppelzimmer, ein Familienzimmer sowie das rustikale Schmause-Hüttchen. Der Soundtrack ist übrigens beachtlich: Wasser, das sich rauschend seinen Weg durch

das felsige Flussbett sucht, Vogelgezwitscher und die Geräusche des Waldes begleiten einen in den Schlaf. Wir fanden es toll!

RESTAURANT UND HOTEL SCHMAUSEMÜHLE
Im Baybachtal · 56283 Gondershausen · Tel.: 06745-270
info@schmausemuehle.de · www.schmausemuehle.de

Die 10,5 km lange Traumschleife Baybachklamm ist anspruchs-voll. Aber die vielen großartigen Naturerlebnisse machen jeden Me-ter wett. Start ist der Wanderparkplatz bei Heyweiler. Von dort führt der Weg steil und ziemlich abenteuerlich ins Buchbachtal und gleich wieder steil hinauf aufs Hunsrückplateau. Nach ei-ner Rast geht es weiter über den Höhenweg runter ins Prinz-bachtal, zur Klöcknerskaul (ei-nem alten Stollen) und weiter talwärts ins Baybachtal.

Reinhard Zado

Nun wird es abenteuerlich, denn immer wieder gilt es schroffe Felsen zu erklimmen und Klippen zu überwinden. An einigen Stellen sichern Seile den Weg. Weiter geht's über die Schmausemühle, die Heyweiler Mühle und schließlich ins Frankweiler Bachtal mit seinem Wasserfall. Wenn der Weg einen schließlich wieder hinauf in die Höhe führt, belohnt er uns erneut mit grandiosen Aus- und Fernsichten.

EIFEL
Heiße Vergangenheit, beeindruckende Gegenwart

6. EIFEL

Heiße Vergangenheit, beeindruckende Gegenwart

Nichts prägt die Landschaft der Eifel so sehr wie die erloschenen Vulkankegel und die tiefblauen Kraterseen der Maare. Die Einheimischen bezeichnen die Maare liebevoll als die Augen der Eifel. Fast immer kreisrund und endlos tief, sind sie eine seltene Naturschönheit inmitten eines grünen Landstriches mit dichten Wäldern und urwüchsigen Tälern. Eingerahmt wird die Eifel durch die Flusslandschaften des Rheins und der Mosel, im Südwesten begrenzt durch Sauer und Our, im Westen befinden sich die belgischen Ardennen und im Norden begrenzt die Weite der Rheinischen Tiefebene. Insgesamt umfasst die Eifel somit mehrere Bundesländer und Länder: Rheinland-Pfalz, Nordrhein-Westfalen, die deutschsprachige Region Ostbelgiens und den Norden von Luxemburg

Der Vulkanismus der Eifel begann schon vor 50 Millionen Jahren und hielt bis in die geologische Gegenwart an. Die Ursache des Eifelvulkanismus ist übrigens Magma, das aus den oberen Bereichen des Erdmantels entweder direkt zur Erdoberfläche aufsteigt oder sich in einer tief liegenden Magmakammer etwa an der Basis der Erdkruste sammelt. Dieses Magma dringt in unregelmäßigen Abständen Magma nach oben und verursacht Vulkanausbrüche. Noch bis vor etwa 10.000 Jahren gab es also in der Eifel starke vulkanische Aktivität, die auch von den damals hier lebenden Menschen miterlebt wurde.

Und auch wenn die Eifel aus geologischer Sicht heute noch immer als vulkanisch aktiv gilt, so kann man trotzdem ganz unbedenklich hierher reisen. Und das würden wir auch wirklich empfehlen: Die Landschaft ist einzigartig, irgendwie ein bisschen ein Inbegriff von Ferien, von Landleben, von schönen natürlichen Gerüchen, von kühlen dunklen Fichtenwäldern und blühenden Wiesenhängen. Ein wenig scheint es, als kann man die Jahreszeiten noch richtig deutlich spüren. Den Frühling, der ein bisschen später kommt als anderswo,

dann aber mit sanftem Charme die saftigen Wiesen und vielfältigsten Pflanzenarten zum Vorschein bringt. Dann der Sommer, heiß und heftig, in dem man sich herrlich im eiskalten Maar abkühlen oder bei einer Bootstour erfrischen kann. Der Herbst mit eisigem Westwind, sattem Regen und Nebel, der die Maare ganz mystisch und verwunschen aussehen lässt. Schließlich die knackende Kälte um Weihnachten, Schnee, der verzaubert und alles in eine dichte Decke des Vergessens und der Stille hüllt.

Ein Besuch in der Eifel kann Wellness pur bedeuten oder auch aktiv gestaltet sein: raus in die Natur beim Radfahren, Wandern, Walken, Reiten oder bei Entdeckungstouren durch den Nationalpark Eifel. Historische Städtchen wie Monschau, Mayen oder Monreal locken mit Fachwerk, Burgen und vielen spannenden Veranstaltung, vom Bauernmarkt bis zum Ritterspektakel. Es ist ein Luxus für stressgeplagte Seelen, dass in der Eifel so wenige Menschen auf so viel Raum leben. Große Städte sucht man hier nämlich vergebens. Aber genau diese „Leere" verleiht der Umgebung eine unglaubliche Anziehungskraft, der man sich nur schwer entziehen kann. Es scheint, als ob die Zeit hier etwas langsamer vergeht, sodass Zeit bleibt für die schönen Dinge des Lebens wie beispielsweise ein inniges Miteinander, intensive Gespräche und der Genuss von gutem Essen und Trinken.

Wer trotzdem ein wenig Zertreuung sucht, der sollte Bad Bertrich besuchen, das liegt romantisch im Üssbachtal mitten im Kondelwald zwischen Mosel und Vulkaneifel. Neben einem Bummel durch die kleinen Läden lockt besonders ein Besuch in Europas einzigem Landschaftstherapeutischen Park oder in der deutschlandweit einzigartigen Glaubersalztherme. Aber auch ein Besuch in Daun, Manderscheid, Ulmen und die Gemeinde Lutzerath bieten gute Möglichkeiten, sich auch mal außerhalb der Natur den eher kulturellen Freuden zu widmen.

Rein touristisch ist die Eifel mittlerweile auch gut aufgestellt: Es gibt viele schöne Hotels, Pensionen und Einkehrmöglichkeiten. Zudem eine große Anzahl an kreativen Ideen, die Zeit in der Eifel besonders schön und trendy zu verbringen. So zum Beispiel bei einer Wanderung auf speziell angelegten „Landschaftstherapeutischen Wegen", die sollen beruhigende, belebende und stärkende Erlebnisse in der Natur vermitteln und das generelle Wohlbefinden fördern. Für gestresste Städter vermag so eine Wanderung dann vielleicht manche Therapiesitzung ersetzen. Wer weiß? Auf jeden Fall wird auf der Wanderung entlang der Kleinen Kyll an verschiedenen Stationen immer wieder die Aufmerksamkeit geschult: riechen, schmecken, erfühlen und genießen. Beruhigung und Entschleunigung. Philosophische Lebensweisheiten inspirieren zusätzlich, wie zum Beispiel folgende: „Der Mensch kann nicht zu neuen Ufern aufbrechen, wenn er nicht den Mut aufbringt, die alten zu verlassen." (André Gide). Warum also nicht einen Aufbruch in die Eifel, einfach mal ausbrechen aus dem Alltag, aus dem Selbstverständlichen, das Gewohnte hinter sich lassen und neugierig Neues erleben?

ROMANTIKWOCHENENDE

AM MEERFELDER MAAR

Im Herzen der romantischen Vulkaneifel und mitten im Geopark liegt das Meerfelder Maar. Rund 35.000 Jahre ist es alt und der größte Maarkessel der Eifel. Der 24 Hektar große Maarsee entspricht allerdings nicht seiner ursprünglichen Größe. Zwischen

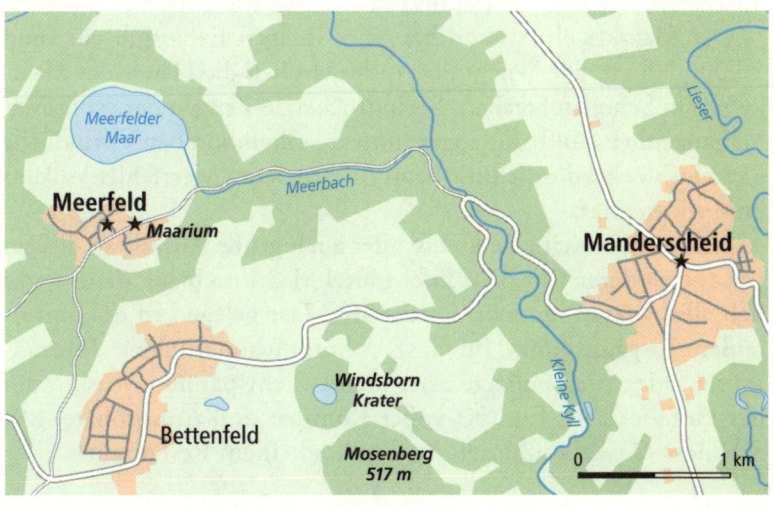

Meerfelder Maar

1877 und 1880 wurde der Maarkessel künstlich entwässert, um zusätzliche landwirtschaftliche Nutzfläche zu gewinnen. Im Süden schmiegt sich das hübsche Örtchen Meerfeld an die steilen Hänge. Der heutige See, der auf 335 Metern Höhe liegt, hat eine Wasseroberfläche von 24,8 Hektar und ist rund 18 Meter tief.

Der Maarkessel entstand bei einer riesigen Explosion vor rund 80.000 Jahren. Die Wucht des Ausbruchs ließ die Hänge des Maarkessels in Schollen brechen. Beeindruckende Zeugen der explosiven Vergangenheit sind die sogenannten „Olivinbomben", rundliche Gesteinsblöcke, die die Erde beim Ausbruch des Meerfelder Vulkans rausgehustet hat.

Gönnen Sie sich eine kleine oder auch große Auszeit an diesem ganz besonderen Ort. Das Eifel-Hotel Maarium bietet dafür wirklich alles, was es braucht. Direkt am Maar gelegen ist es komfortabler Ausgangspunkt für ausgedehnte Wanderungen, Fahrradtouren oder auch einfach einer kleinen, entspannten Auszeit auf der Hotelterrasse. Ein Ort voller Komfort und Atmosphäre. Mit Wellness-Oase, berühmten Kuchen und einem Restaurant.

Hotel direkt am Maar

MAARIUM HOTEL-CAFÉ-RESTAURANT
Meerbachstraße 50 · 54531 Meerfeld · Tel.: 06572-4426
info@maarium.de · www.maarium.de

Die 18 Zimmer und eine Suite sind individuell eingerichtet, jedes ein Unikat mit Balkon, geprägt von Wohlfühlatmosphäre und mit jeglichem Komfort eines 3-Sterne-Superior-Hotels. Und von überall der Blick auf die Landschaft der Vulkaneifel. Und wer richtig entspannen will, der gönnt sich eine der vitalisierenden Massagen im Wellnessbereich und genießt anschließend die relaxte Atmosphäre in der Sauna. Ein Aufenthalt am Maar ist Verwöhnprogramm für Körper, Geist und Seele. Kraft tanken im Vulkankessel!

Entspannung pur

Die Kuchen und Torten des CAFÉ AM MAAR sind so gut,

Süße Schlemmereien hausgemacht

sie haben es über die Grenzen des Landes hinaus zu einiger Bekannt-
heit gebracht. Die selbstgebackenen Köstlichkeiten von Hotelier
Dirk Junk, frisch aus dem Ofen des Eifel-Restaurants, sind der pure
Genuss. Dazu einen duftenden Kaffee bei sagenhaft schönem Ausblick auf das Maar – der Nachmittag könnte kaum besser laufen.

Deftiger, ja geradezu explosiv geht es im Eifel-Restaurant CULI-
MAAR zu. Mit so geheimnisvollen Kreationen wie „Magmasüpp-
chen", „Flug-Lava" oder „Schicht-Silikat" begeistert das Haus mit
raffinierten Kreationen, basierend auf frischen, gesunden, delikaten
Zutaten und schonender Zubereitung. Ob beim Drei-Gänge-Menü
oder beim Barbecue: Schlemmen ist hier einfach Pflicht. Öffnungszeiten: Mo. und Di. ab 17.30 – 21 Uhr, Mi. – So. 12 – 21 Uhr.

Auch Wasserratten kommen in Meerfeld auf ihre Kosten: Neben
Angeln und Bootsfahren ist es in der ausgewiesenen Zone am Nord-
ufer auch möglich zu baden oder sich nach einem Rundgang im Naturfreibad Meerfelder Maar abzukühlen. Das Meerfelder Maar mit
seinen weiß blühenden Seerosen und dem streng naturgeschützten
Schilfufer ist die Heimat seltener Wasservögel. Das Naturfreibad
Meerfelder Maar ist ganzjährig rund um die Uhr geöffnet und wird
von vielen Eltern und Kindern zur Erholung genutzt. Neben dem
Baden ist auch Angeln oder auch das Bootsfahren möglich. Hier arbeitet der Chef übrigens noch selbst: Preise für Bootsbetrieb oder

Kulinarik im Restaurant Culimaar

Nutzung der Liegewiese am Maar sind zu erfragen beim Meerfelder Bürgermeister:

EUGEN WEILER · Meerbachstraße 9 · 54531 Meerfeld · Tel.: 06572-2144
Mobil: 0171-8010610 · eugen-weiler@t-online.de

Beeindruckend ist auch der Blick vom Aussichtsturm „Landesblick". Rund 200 Meter tiefer glitzert das Meerfelder Maar, sanft eingebettet in den größten Maartrichter der Eifel. Überhaupt findet sich rings um das Hotel ein Wanderparadies sondergleichen. Auch Radfahrer können hier ausgiebig auf ihre Kosten kommen. Reiten, Paragleiten, Drachenfliegen – die Eifel ist ein Eldorado für Draußen-Sportler. Besonders intensiv lässt sich die Gegend zu Pferd erkunden. Der Verein „Eifel zu Pferd" gibt jedes Jahr eine ausführliche Broschüre heraus, in der Gastgeber für Reiter-Pferd-Paare gelistet sind. Der Verein arbeitet außerdem Routen aus und organisiert geführte Touren – auch für Reiter ohne eigenes Pferd.

EIFEL ZU PFERD E.V. · Geschäftsstelle: Dackscheid 1
54619 Großkampenberg · Tel.: 06559-93051 · Fax: 06559-93052
vorstand@eifelzupferd.de

Sich diese beeindruckende Naturlandschaft zu erwandern gehört zu den wunderbarsten Arten, die Region zu erkunden. Wer Ausdauer hat, der kann z. B. direkt vom Hotel aus bis nach Manderscheid laufen und wer noch mehr Kraft hat auch wieder zurück. Die knapp 27 km lange, landschaftlich sehr reizvolle Tour ist allerdings nicht ohne. Kondition und Trittsicherheit für die Auf- und Abstiege sind unerlässlich. Dann aber entfaltet die Strecke den ganzen Zauber der

ursprünglichen Vulkanlandschaft. Talblicke und Weitsichten gibt es vom Landesblick, vom Moosenberg bei Bettenfeld und bei den vielen Burgenblicken kurz vor Mandersched reichlich. An dem großartigen Relief zwischen Manderscheid und der Mosenbergvulkangruppe lässt sich die Geologie der Erde ablesen. Der Weg führt vom Meerfelder Maar zum Landesblick, ins urige Tal der kleinen Kyll, zum Windsborn-Kratersee mit dem Mosenberg, der Wolfsschlucht und an den bekannten Lieserpfad und den Eifelsteig. Infos im Internet auf der Wanderkarte Nr. 33 des Eifelvereins „Vulkaneifel um Manderscheid". Zusätzliche Informationen über folgende Adressen:

EIFEL TOURISMUS GMBH · Kalvarienbergstraße 1 · 54595 Prüm
Tel.: 06551-96560 · Fax: 06551-965696
info@eifel.info · www.eifel.info

GESUNDLAND VULKANEIFEL GMBH · Leopoldstraße 9a · 54550 Daun
Tel.: 06592-951370 · www.gesundland-vulkaneifel.de

BILDNACHWEIS

Wir haben uns bemüht, die Inhaber der Urheber- und Nutzungsrechte für die Abbildungen zu ermitteln und deren Veröffentlichungsgenehmigung einzuholen. Falls dies in einzelnen Fällen nicht gelungen sein sollte, bitten wir die Inhaber der Rechte, sich an den Verlag zu wenden. Berechtigte Ansprüche werden selbstverständlich abgegolten.

AUTORINNEN & ILLUSTRATOR

Christine Göttert liebt das Reisen und das Schreiben und am liebsten verbindet sie beide Leidenschaften in Film, Text und Bild. Die gebürtige Wiesbadenerin lebt und arbeitet seit 25 Jahren in Berlin und ist noch immer nicht fertig mit der großen Stadt an der Spree. Ihre südwestdeutschen Wurzeln kann und will sie nicht kappen und so gehören regelmäßige Besuche und längere Aufenthalte in der Heimat zum festen Programm. Im Societäts-Verlag hat sie gemeinsam mit Susanne Dereser die Bücher „Rheinland-Pfalz für Verliebte", und „Berlin für Verliebte" geschrieben.

Susanne Dereser ist vitaler Teil der rheinlandpfälzischen Kulturszene und bereist regelmäßig das Land auf der Suche nach inspirierenden Erlebnissen. Als stellvertretende Leiterin der Magazin-Sendung LandesArt würdigt sie etablierte Künstler und bringt den künstlerischen Nachwuchs ans Licht. Im Societäts-Verlag hat sie bereits u. a. „Rheinland-Pfalz für Verliebte" sowie zuletzt „Tipps und Trips im Südwesten" herausgegeben.

Reinhard Zado aquarelliert seine Heimat in warmen Tönen. Dabei laden seine Bilder die Betrachter zum Verweilen und Durchatmen ein. Der Westerwälder Künstler und Galerist ist ein Experte für Entschleunigung. Den Reiz des traditionsverbundenen, „langsamen" Landlebens beleuchtet er nicht nur mit seiner Malerei, sondern auch als Herausgeber des vierteljährlichen Magazins „Westerwälder Land".